仮面ライダーゼロワン aruto ja naito book
You are the light that shines on me
JN093365
きみはぼくを照らす光

誰もがだれかを照らす光となりえるのか……？

KAMENRIDER ZERO-ONE WORLD

それぞれの物語の中で視えていたものは――。

ZERO-ONE CAST CROSS TALK

高橋文哉×鶴嶋乃愛

［飛電或人／仮面ライダーゼロワン役］［イズ／アズ役］

飛電インテリジェンスの社長と、その秘書を務めるヒューマギア。肩書きだけ見れば完全な上司と部下の2人が、1年を通して育んだ信頼と絆の物語――。主人公&ヒロインコンビが『仮面ライダーゼロワン』のなんたるかを語る、ファン必読の〝パートナー〟対談！

撮影◎真下 裕(Studio WINDS)
取材・構成◎齋藤貴義

或人とイズ、高橋文哉と鶴嶋乃愛

――役柄の関係性的に文字通りパートナーというか、『仮面ライダーゼロワン』で一番共演時間が長かったのは間違いなくこのお二人ですよね。

高橋　ダントツだと思います。

――それだけ共演が長いと、お互いの芝居に乗っかって出てきた表現などもあったのではないですか？

高橋　僕はイズに乗っかってというのはあまりなくて。

鶴嶋　私が乗っかってました。ヒューマギアって基本はまっさらな状態から学びながら成長していくんです。イズの場合は行動の理由のすべてが或人社長で、立ち位置的にも私は文哉くんの感情の変化、お芝居に合わせてちょっとずつ変えていった感じですね。

高橋　そういう部分で、僕のお芝居がまんま彼女の芝居に影響するんだと思うんです。だから、そこはちょっと責任もありました。ただ、相乗効果というか、僕のテンションが高くなってるときにイズがそれに乗っかってくると、その影響を受けて僕の芝居も変わったりするわけで……。そういったものを1年間、徐々に積み重ねていったという感じでした。

鶴嶋　イズは或人がいないとダメなんですけど、私も文哉くんには相当助けられていて。初めての泣きのお芝居があるときは本当に励ましてくれてましたし、お互いの深刻なシーンのときはいろいろ話し合ったりして。相談もしやすかったので、私にとっては日々助け合いみたいな感じでした。

――キャラクターとしてはイズが社長を助けるシーンが多かったわけですが……。

鶴嶋　現場ではけっこう私が助けてもらっていました(笑)。

高橋　助けてますね、僕は！(一同笑)　ただ、芝居以外では助けてますけど、芝居では本当に助けてもらってるんですよ。僕、本番でテストのときとは全然違う動きをしちゃったりするんですけど、そこに全部合わせてくれるんです。右向くって言っておいて左を向いちゃったりしても合わせてくる！　本番中ながらも「うわー、ちゃんとイズをやってるなー！」って思ってました。僕をいい意味で泳がせてくれてたんだなって。

鶴嶋　社長秘書なので、そこは(一同笑)。

――イズはシンギュラリティが芽生えていく過程がありましたが、その辺りは演じられていかがでしたか？

鶴嶋　ピンポイントで3回ぐらい山がありましたね。私的に初めて感情が昂ぶったのは、やっぱりお兄ちゃんのワズとのエピソードです。それから飛電製作所に移ってからと、あとは40話ですね。シミュレーションとはいえ、或人が死んでしまうシーン。その辺りは印象が強いです。

――他のヒューマギアたちはけっこう感情を表に出してくることも多かったと思うんですが、イズは少しずつでしたね。

鶴嶋　はい。一番初めに監督の杉原(輝昭)さんから「これからいろんなヒューマギアが出てくるけど、イズがその軸になるからね」って言われたんです。

高橋　あぁ、言われてたね！

――軸になるということは、そのヒューマギアたちの「お手本」だったり「背景」の基本的なモデルということですね？

鶴嶋　ええ。だから、イズはブレずに行きたいねって。感情を出していくのも、一気にバッと出すのではなくて徐々に徐々に、エピソードを通して、或人を通して変化しながら、ゆっくりしたペースで盛り上げていった感じです。

――イズと或人には恋愛感情のようなものはあったんでしょうか？

高橋　あー。イズからはないでしょうね。

鶴嶋　相方というか……尊敬って感じなのかな。イズにとっては、もともとの社長のお孫さんであり、みんなの気持ちを変えることができるであろう社長への信頼もあると思うんです。社長は「ヒューマギアはみんな家族」って言ってくれてるので、そういう感じなんじゃないですか。

高橋　一方、或人は女性として見ていた部分もあったと思うんですけど、それは家族としてだったり友達としてだったりで、恋愛感情ではないかな。イズが男性型だったらまた違ってたと思うんです。僕が勝手に思ってたことなんですけど、或人ってそもそも恋愛経験がないんじゃないですかね？

鶴嶋　たぶん或人はピュアだからこそ、フワッとした感じでイズとの関係を築けたんじゃないかと……。

高橋　あ～、これは難しい！(笑)　気持ちを言葉で表すのは難しいね。

鶴嶋　イズにとって或人は恋愛とは違った意味で一番特別な存在だと思います。だからこそ、シミュレーションとは言え或人の

2人の掛け合いはいつもアドリブみたいなものなので、演じるこっちも楽しかったです。(高橋)

死が見えたときに涙が出るんです。或人以外の誰かだったら、たぶん泣いていないと思うんですよ。

小悪魔アズの翻弄

──終盤でアズが登場しましたが、高橋さん的にはイズとの共演と比べていかがでしたか？

高橋　アズには引っ張られましたね、演技で。それこそ滅亡迅雷.netのセットで2人で芝居をしたときです。滅に悪意を持ってしまった、あのシーンで。

──第42話ですね。

高橋　或人が滅亡迅雷のアジトに行ったのって、あれが初めてなんですよ。もちろんイズのシミュレーションの回では行ったこともあったんですけど。初めての場所でのお芝居は嬉しいもので、「ああ、こっち側に来たんだな」という感慨もありました。闇堕ち状態ではありましたけど、そういう新鮮な気持ちでイズのことを思い出していたら、そこにアズが来るでしょ？　そのときのアズの表情が上手なんですよ！　それで僕、本当にめちゃくちゃムカついちゃって(笑)。

──わかります(笑)。あのシーンは視聴者も同じ気持ちだと思います。

高橋　その日はわざと本番以外、鶴嶋さんと目を合わせないようにしてたんですけど……。

鶴嶋　私も喋らないようにしてました。

高橋　僕がもう、けっこう目先のことしか見えなくなっちゃってるから……。

鶴嶋　だから、私は……「煽ってやろう！煽ってやろう！」と思ってて(笑)。

高橋　子供たちも見てますからね、舌打ちとかはできないので。それで、ずっとセットを拳で叩いてました。本番中以外もそれでなんとか気持ちをつなげられて。「俺の秘書はお前じゃない！　イズだ！」って言うときの顔とかも含めて、すごくムカつくな、こいつ！って思いながら、とにかく「本気でムカつく」という意味でアズとの芝居はすごくやりやすかったです。本気でアズに引っ張られていましたから。いやー、不思議です。演じてるのは同じ人間なんですけどね。

鶴嶋　もう完全に別人ですから。よく切り替え大変なんじゃない？って言われるんですけど、特に苦労とかなかったです。アズは或人に情のひとつもありませんから。

高橋　天と地の差だったよね。

鶴嶋　声のトーンもちょっとムカつく感じを出そうと思って高くしました。人を小バカにしてる感じが出せたらなと思って。アズはアーク様のこと以外、みんなを見下してますからね。

高橋　へぇ～、そういうもんなんだ。

──悪女を演じる気持ちよさってあるんですか？

鶴嶋　うーん(笑)。

高橋　気持ちいいでしょう、あれは。

鶴嶋　みんなに言われる！(笑)　まあ、一人二役やれることは楽しかったですけどね。それに、イズの場合は表情の作り方とかを「抑えなきゃ、抑えなきゃ」ってやっていたところがあったんですけど、アズになったら「より人間っぽくしていいよ」って言われましたから、アズではやりたい放題やりました。その辺りが他の人からは生き生きして見えたんじゃないですかね。

──最初の登場は「プレジデントスペシャル」でした。

鶴嶋　あのときは声だけの出演だったんですけど、最初に大森(敬仁)プロデューサーと話して、滅みたいな暗い感じのお芝居と小悪魔っぽいものと2パターンやってみたんです。その結果、「小悪魔っぽいほうがいいかもね」ってことで決まりました。

高橋　最初はアズって名前もなかったんだよね。台本では「赤イズ」ってなってて、セリフだけで見るとちょっと邪悪な感じだからこちらも想像していくじゃないですか。そしたら、あんな感じだったのでビックリしちゃって。

鶴嶋　私的にはヒューマギアって声がすごく大事だなと思ってるので、最初の登場がアフレコというのはイメージが掴みやすかったんですよ。

──タイミング的に、あの回のアフレコは別々の収録で？

高橋　一緒にやりたかったんですけどね、コロナ禍の時期だったので一緒ではないんですよ。

──イズもアズも特徴的なあのジェスチャーは鶴嶋さんのアドリブだったそうですね。

鶴嶋　はい、自分で考えて、どちらも自然にスッと入れました。ただ、私が台本で見て一番ビックリしたのは、「プログライズキーにキスする」というト書きがあって……。

高橋　あぁ！あったね。

鶴嶋　これはどうやってやればいいんだろう？と思って。とにかくその場でパッとやってみて、それが採用されたんです。仕草とかポーズもそうですけど、けっこう自由にやらせてもらってました。

ラストまで駆け抜けたアドリブコンビ

――鶴嶋さんは、高橋さんではなくスーツアクターの縄田雄哉さん演じるゼロワンとの共演部分も多かったと思います。そこでは何か違いがありましたか？

鶴嶋　私はいつも相手は或人だと思ってやってましたから、そこを特別意識してやることはなかったです。

高橋　僕はそれをアフレコのときに映像で見るんですけど、「変わらないんだな」と感じてました。ただ、僕側から言えば、ゼロワンになってからのほうが、より優しく接してますね。

鶴嶋　守るっていう立場がより強くなるから、だよね。

高橋　そう。守らなきゃいけないというのは常に感じていたことで、イズに何かあったら、側に諫がいようが滅がいようが、一番最初に飛んで行かなきゃならないのは自分だなと思っていて。スーツアクターの縄田さんも、そこはよくわかってらっしゃるんですよ。「側にいると、どうしても気にしたくなる」とおっしゃっていましたから。イズが流れ弾にさらされないようにとか、さりげなく前に出て庇ったりしてイズを守ってくれてたりしてましたね。そういうのを映像で見るとアフレコのときのお芝居も乗っかれるんですよね。

――確かにアフレコのときの或人って、イズに対してすごく優しい声ですよね。

高橋　そうなんですよ！　ちょっと声を高くして言ってみたりとか。顔が出てないからこそちょっとオーバー気味にしてるところもあるんですけど。

イズは或人がいないとダメなんですけど、私も文哉くんには相当助けられました。（鶴嶋）

――イズと或人のシーンは、常に微笑ましい感じで癒されました。

高橋　そうでしたね。いつもアドリブみたいなものなので、演じてるこっちも楽しかったです。僕は「動きも全部自由で好きにやっていいよ」って言われてましたから、セリフだけ頭に入れておいて、あとは周りの雰囲気、現場の雰囲気を見て、半ばやりたい放題でやらせていただきました。で、「締めに『アルトじゃないと！』ですね」みたいな（一同笑）。

失われたイズと新たなイズ

――最終回のラストは、新しく生まれ変わったイズと或人の新たなスタートで締めくくられました。お二人はどんなお気持ちで演じられたんでしょうか？

高橋　それは……悔しさも悲しさもありましたし……とはいえ、やっぱり一番は「嬉しい」という気持ちじゃないでしょうか。ただ、演じる上での難しさはありましたね。これまでだったら、イズの目を見てリアクションが想像できたんですよ。「たぶんここで笑ってくれて」とか「ここで首をかしげるんだろうな」とか……相手の芝居を意識しながらこちらも芝居ができたんですけ

ど、そこが生まれ変わったイズとのやりとりは絶対に違うわけです。さらに油断すると、これまでの1年間のことを思い出してしまうんですよ。だから、これまでのことを変に引っ張らず、何も作り込まないで頭にセリフだけを入れて挑みました。

鶴嶋 私も今まで1年間ずっとやってきましたから……或人のギャグを見たら即座に反応したくなっちゃう気持ちがあるんですけど、そこはもう一度、一番最初の或人との出会いを思い出して演じましたね。ただ、私は直前までアズをやってた期間があって、気持ちの切り替えができたから、文或くんよりはやりやすかったかも？ もしイズが破壊された直後にあのシーンの撮影があったとしたら、私の中でそれまでのイズを別のとこに置ききれなかったんじゃないかなと思います。

高橋 本当やりづらかったけど……でも、あのシーンはそれでいいんだと思う。或人は必死で自転車を漕いでいるのにイズだけ止まってて……「あれ？ 進まないじゃん！」みたいな。

——これまでとは違う「新しいイズ」ということで、気持ち的に抵抗はあったのでしょうか？

高橋 滅と戦ってからあのシーンに至るまでに本編の中で時間が流れてるわけですよね。そこで、或人が何をして何を考えたか？っていうのをかなり真剣に作りました。戦いが終わっても気持ちは晴れなかっただろうし、その理由ってやっぱりイズがいないからなんです。アズがいたときには八つ当たりもできたんですけど、いざ戦いが終わったら自分しかいない。そういう気持ちの中でイズを復元したいという思いにつながっていったんだと思います。以前のイズのデータは戻ってこない……じゃあ、そこは俺がやるしかない！ そういう心のプロセスを経てイズを復元するという結論に至っているので、新しいイズではあるけど或人にとっては「あのイズ」なんですよ。

——副社長と山下とシェスタ、3人の前で一緒に復元させますよね？

高橋 あれは何でかって言うと、みんなに「イズ、ラーニングの時間だ」という言葉を聞かせたかったからだと思うんです。それによって「社長はやる気なんだ」というのを見せたい。ひとつの決意表明なんですよ。或人とイズ、2人だけだったらあのセリフは言わなかったと思います。自分が頑張れば100回でも1万回でも「アルトじゃないと」を教えて、今までの1年間をまた取り返せればいいなって。「イズ、そこまで一緒に行くぞ！ 走るぞ！」みたいな心境なんですよ。観直していただけば、或人とイズの2人の表情とか、これまでとは全然違うってことがわかっていただけるんじゃないかと思いますね。

——視聴者側は、新しいイズがビニールをかぶって出てきたときに気持ちを持っていかれたと思うんですが。

高橋 あれは、或人じゃなかったらイズの顔を見て泣いてるかもしれないなって思いました。僕としては、あのビニールがかかって目をつぶったイズの顔を見て本当に泣きそうになっちゃって……そこは1回「はぁ……」とわざとため息をついてからビニールをめくりましたね。で、あのとき、心の中で「お帰り」って言いました。「ただいま」とは言ってくれないことがわかってるんですけどね。

鶴嶋 私もあのシーンは心を無にして、もう何も考えないことにしました。「私は機械だ、機械だ」と思って。そうしないと、それまでの1年間の回想が始まっちゃうと思ったから。何も思い出さないようにするのが一番いいかなと思いましたね。

——切なくもありながら、希望に満ちた明るいラスト。最後は1年の総決算にふさわしく「アルトじゃないと」で締めくくられました。

高橋 あそこは2人でやったアドリブの中でも一番楽しかったですね。

鶴嶋 あれは楽しかった(笑)。

高橋 もともと台本では3行ぐらいだったんだよね。「アルトじゃないと！」ってやってから「もう1回やろうか？」ってキャッキャッして、それくらいで終わりのはずだったんですよ。そしたら監督が「ラストは長回しでもらうわ」って言ってくださって。「じゃあ1回目はこうやってやるけど、どうする？」って言って。

鶴嶋 「じゃあ私、こうするよ」って。

高橋 「じゃあ2回目はこうする！ で、3回目はどうしようか？」みたいに2人で4回目までのやりとりを作ってたんです。監督がどれだけ回してもいいように。

鶴嶋 で、それは「テストでは見せないでおこう！」って言って、違うパターンまで作って。

高橋 やっぱり最終回の本当のラストカットだし、スタッフさんや監督を驚かせたいなって思ったんです。成長したなって思ってもらえるようにね。そしたら……。

鶴嶋 めっちゃ長回しで(笑)。

高橋 想像の倍ぐらい回してくれたという。僕も「わー！」って言いながらグルグル回って、「これでカットがかかるんだろうな」と思ったら全然かからない(笑)。

鶴嶋 だから私、後ろを向いたときにもう笑っちゃって。

高橋 そこからは自由演技みたいな感じで……最終的にアフレコの段階で映像を見たら半分ぐらい入ってました。

鶴嶋 そう！ 入れてくれたんだよね。

高橋 で、監督も「けっこう使ったぜ！」って言ってくださって。

鶴嶋 主人公とヒロインが最後の最後までずっと一緒にいるって、これまでの仮面ライダーでもなかなかないですよね？

——そうですね。なので、今回は表紙もお二人でやってもらおうと思ってます。

高橋 えっ、アズと2人で？(一同笑)

たかはし・ふみや：
2001年3月12日生まれ、埼玉県出身。令和初の仮面ライダー『仮面ライダーゼロワン』の主演・飛電或人役に抜擢。現在、土曜ナイトドラマ「先生を消す方程式。」(テレビ朝日系系列土曜よる11時)に藤原刀矢役で出演中。また、自身初の1st写真集「架け橋」(ワニブックス)が12月26日に発売を控えている。

つるしま・のあ：
2001年5月24日生まれ。高知県出身。2013年、「第21回ピチモオーディション」グランプリ受賞。「ピチレモン」「Popteen」の専属モデルを経て、1st photobook『恋と呼ばせて』を出版。

岡田龍太郎×井桁弘恵

［不破 諫／仮面ライダーバルカン役］　［刃唯阿／仮面ライダーバルキリー役］

A.I.M.S.の隊長と技術顧問という関係に始まり、飛電とZAIAを巡る諍いの中で袂を分かつも、再び同じ場所に立ち、以前はなかった互いへの信頼を得て、戦士としての責務を全うした2人が、その変遷を辿る〝同僚〟対談！

撮影◎真下 裕(Studio WINDS)
取材・構成◎齋藤貴義

上司でも部下でもない対等な関係

――不破と刃の関係性は、上司と部下というわけではないんですよね？

井桁　A.I.M.S.の隊長と技術顧問ですから……戦いが始まってしまうと不破のほうがメインだけど、そこに至るまでの管理は私。そこの立場が違うから、むしろ同期ぐらいなのかなって思ってやってましたね。

岡田　そうそう、それぞれ持ってる権限が違うんですよ。武器の使用許可を出す出さないに関しては、管理権限を持ってるかどうかってことですからね。お互いに自分の立ち場からものを言い合ってる。だから上下関係っていうわけじゃないんですね。

――とはいえ、実質、管理権限のルールも不破が強引にうやむやにさせてましたね。

井桁　確かに(笑)。

岡田　でも、ランペイジバルカンも決して無理やりやってるわけやないんですよ。まだファンの方から言われるんですけど(笑)、あれが正式な変身方法。僕の芝居に歩み寄ったキーなんですよ！

井桁　(笑)。

――序盤から言い争いは絶えませんでしたが、刃も不破もお互いに認め合ってはいるんですよね。

井桁　何しろ隊長ですから、戦いにおいては信頼していると思いますけど……。

岡田　認めてはいますけどね、不破とルールをしっかり守ろうという刃じゃ性格的には全然マッチしないと思いますよ。

井桁　戦うまでの手順がむちゃくちゃだから、私の立場としてガンガン言っていたと思うんですけどね。私は許可を出すにしてもきちんと手順を踏んで、なんなら印鑑を押して、というタイプなので。

岡田　「ちゃんとやりなさい！」みたいな感じだけど、最初の頃の不破はルールよりも自分の怒りのほうが強くて暴れてたんですよね。

井桁　臨機応変に？

岡田　そう(笑)。

――言い争っていても、お互いに嫌っていたわけじゃない。

岡田　そうですね。相性は悪いかもしれないけど……ZAIAに入ってしまったときですら憎んだりしたことはなくて、なんなら信頼する気持ちも変わってはいないんです。刃のために一番頑張ったのは不破なんじゃないですかね。

井桁　うん。私も不破のために頑張っていたところがありますから。不思議なコンビです。

――刃と不破に恋愛感情みたいなものってあったと思いますか？

岡田　僕は「ない」と思います。もし刃がそういう感じになったとしたら、不破はビックリするんじゃないかな？　すぐにはそれを受け入れられないでしょ。不破って女っ気からはだいぶ遠いところにいるんじゃないかなと。

井桁　わかる。

岡田　そもそも刃にとって不破って異性として好みじゃないんじゃないですか？

井桁　うん。そこはもっとジャンルが別の……一般企業の男性みたいな(笑)。戦うときは戦うときの同志として不破がいるけど、そういうところは切り替えがはっきりしたキャラクターだと思うんですよ。

戦う技術顧問と暴走する隊長

――刃自身も前線に立って戦うことがありましたが、アクションに関して井桁さんはどのような心境で挑んでいましたか？

井桁　刃は訓練を積んできたところもあり、戦い慣れてる部分も持ってる役なんですよ。だから、いかにムダな動きを減らせるか、バタつかずにプロとしてのスマートなところをどう出せるか、というところがすごく難しかったです。もちろんアクションなんて初めてだったので、転がるところから練習もしましたし、とにかく慣れて、あとはカメラワークで上手く収まるように撮ってもらったりして。

岡田　横から見ていて、頑張ってんなーって感じだったね。やっぱり女の子だし、転がりとかは大変だよな。最初の2話ぐらいは変身前のアクションもやってたからね。

――第2話で見せた、不破の背中を蹴飛ばしながら銃を撃つアクションもカッコよかったと思うんですけど。

岡田　あそこね。ちょっと違うとこを蹴られてね。

井桁　蹴られても痛くないように岡田さんは背中にパッドを入れてたんですけど、本番ではパッドが入ってないところを蹴っちゃって(笑)。

岡田　あれ、キックは大丈夫だったんですけど、その流れでクルっと回ったあとに足を滑らせちゃったんですよ。で、わりと足首を強打して……。プロデューサーの大森

不破と刃の関係性という点で言えば、33・34話は一番印象に残ってるエピソードです。(岡田)

(敬仁)さんから「芝居よかったよ！」って声をかけていただいたんですけど、実際はモニターに向かうのもキツいくらい足を引きずっちゃってたんです。

井桁　あと、がっつりアクションシーンがあったのは映画(『仮面ライダー 令和 ザ・ファースト・ジェネレーション』)でしたね。

岡田　お互い、あまりアクションの様子とかって見えてなかったよね。たぶん背中合わせとかでやったりしてたからなんだけど……。

井桁　2階と1階とか、戦う場所がそれぞれバラバラだったりね。

岡田　でも、銃の扱い方はすごく苦労してたなー。目をつぶっちゃってね。

井桁　空砲とはいえ、実際に火薬が入ってるので、その音に全然慣れてなくて。「目をつぶるな」って言われたんですけど……。

岡田　どうしてもね。でも、監督が武器の扱いに関しては厳しかったから……。

——杉原(輝昭)監督は相当なガンマニアですからね。

岡田　そう！(一同笑)　あと、爆弾を仕掛けるスタッフさんも普段からサバゲーとかをしている方で、銃の使い方にすごくこだわってたもんね。そんなこともあって、僕は意識して『ジョン・ウィック』とかのハリウッド映画も観たんですけど……男性の俳優さんでもちょっと目をつぶっちゃったりしてたよ(笑)。「おい！　つぶっとるやん」とか思って。

井桁　うん(笑)。

岡田　そんな苦労もありましたけど大丈夫。観ている人は瞬きしたぐらいじゃわかりませんよ！

井桁　よかった(笑)。

——当然、岡田さんもアクションはありましたし、2人で揃って変身するシーンも多かったんじゃないですか？

井桁　変身はね(笑)……序盤戦でタイミングを合わせようとけっこう練習もやったんですけど……岡田さん、本番で加速しちゃうタイプというか……。暴走するというか、スイッチ入っちゃうと段取りを無視するというか(一同笑)。

岡田　それはありましたね。よく勢い余って唯阿の顔に被っちゃうことがあったよね。並んで変身するところとかも、テストでは一歩出るだけのことなんですよ。でも、本番で気持ちが入ると出過ぎちゃって(笑)。

井桁　そう！

岡田　画角が本当にシビアなんですよ。

井桁　顔を隠されたりもしたし、同時に「変身！」だって言ってるのに、岡田さんだけ先走ってちょっと早く言っちゃうとか。

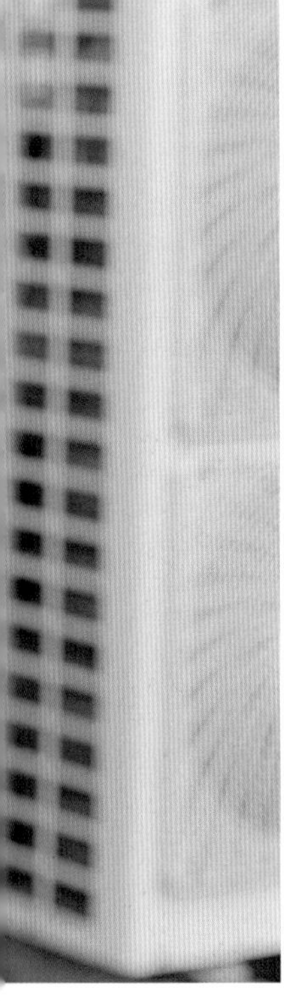

岡田　あまりの失敗に1回うつむいてしまったことがあったんですよ。

井桁　そうなんだ(笑)。

岡田　宇宙兄弟のとこだから14話ですね。

井桁　或人と3人並んで変身するときなんですけど。

岡田　僕は、滅亡迅雷.netをぶっ潰す気満々なので、前に出たかったわけですよ。

井桁　(笑)。岡田さんが前に出たいって言うから、3人が横に並ぶはずなのに三角形になっちゃってるんです。私たち2人は全員が視界に入ってるからタイミングを合わせて「変身！」って言えるんですけどね。

岡田　僕は「それはまあわかる！　けど、ここで前に出ないと不破じゃないだろう。不破として、どうしても前に出させてくれ！」と。或人は「まあ好きにやってください、合わせます」みたいな感じなんですけど、一方で井桁さんはずっと「下がりなよ！　下がればいいじゃん」って言ってて。

井桁　(笑)。

岡田　で、テストとかまではなんとかできてたので、「行けたやろ！」「できるから大丈夫！」って本番をやったら……2人は何も言ってないのに1人だけ先走って「変身！」って言っちゃって。

井桁　「ほら言ったじゃん！」って(一同笑)。

性格は違えど同じ方向を向く同志

——不破は感情剥き出しなところが魅力のキャラクターですが、演じるにあたって「顔を作る」みたいなことは意識されていましたか？

岡田　ありますね。僕はいつも顔を作ってました。というか、撮影に入る段階で「不破になる」って感じでした。僕、普段あんな不破みたいな顔をしてないんですよ(笑)。でも、ああいう性格のキャラクターはやりやすかったです。スイッチが入るタイミングとしては、まあ衣裳もあったんですけど……やっぱり現場の空気かな。

井桁　私も最初は「スーツを着たら刃」って感じがありましたね。スーツを着たときは背筋を伸ばさないとキレイに見えないですし、そういうところで意識はできたんですけど、途中から衣裳も変わりましたから、あくまで最初のうちはスーツの力を借りていたというか……それが半年ぐらい続いた辺りで、自分の中にキャラクターが入ってきたというか。

岡田　普段こうやって素で顔を合わせていても刃って感じはしないですよ。全然雰囲気が違いますから。だから、現場以外ではやりづらいですね。僕、ホン(台本)読みみたいなのはやっぱりちょっと苦手なんですよ。現場に行ってやると正解が見えるんですけどね。

——刃は自分の感情に素直になれないタイプで、そこは不破とは対照的でしたね。

岡田　不破に対して謝るときも、「つまらん人生などと言ってすまなかった。と、Aーちゃんが言えと言っていた」みたいな(一同笑)。ツンデレというか、可愛らしいなと思いました。内面は女の子みたいな要素がちょっとあって、何か食べたときに「美味しいっ♡」って言ったりとか(笑)。それに服装にも無頓着というわけでもなく、私服がガーリーだったりするし、実は可愛らしいじゃないですか。

——2人とも不器用というところは似ていますよね。

井桁　確かにそうですね。そして考え方には差があったけど、いつも同じ方向は向いていましたね。

——第28話では、ジャッカルレイダーに変身し、或人や不破たちとの対立が決定的になりました。

井桁　2、3回しかやってないですけどね。

岡田　唯阿が泣きながら変身したときは、「あーっ！　そっちに行かないで！」って気持ちでね。唯阿の苦しみみたいなものを感じてすごく動揺しました。

井桁　そうですね。あのときの変身は、最初は無言でもいいかなって話だったんですけど、「何か言いたいな」と思って……。そこで監督、プロデューサー、私も含めてみんなで話し合って、その場で決めたんですよ。「仮面ライダーじゃないから『変身』って言わせるわけにもいかないよね」「何か代わる言葉は？」ということで出てきたのが「実装」というワードだったんです。

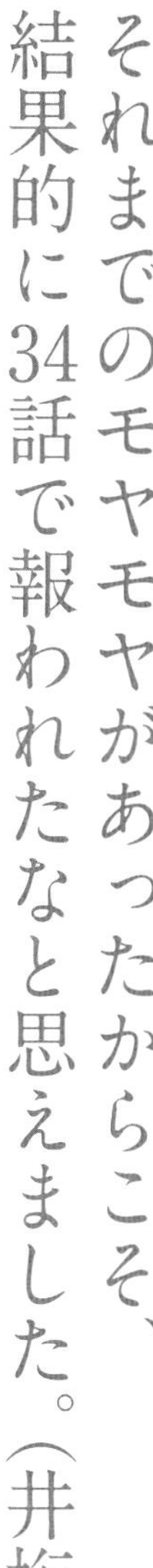

岡田　へえ～。

井桁　本当にもう直前に。じゃあ、どういうテンションで言うかって話もあって、最初に助監督さんが言ったのがすごく癖が強めだったんですけど(一同笑)、みんな「それで行こう」ってなって、監督が「いやいや！　ちょっと待って！　そうじゃないだろう！」ってなって、あとはもう試行錯誤で……最終的にはああいうふうに落ち着きました。

——悲壮感があってカッコいいなと思いました。

岡田　唯阿にとってはあれも黒歴史みたいなもんだけど、それはそのあと、独り立ちするための通過儀礼みたいなもんでね。まあ、ジャンプをする前の屈伸みたいな感じでしょう。あれがあったからこそ、その後の刃唯阿の復活が鮮やかになったなと思いますね。

夢と信念、その結末

――ZAIAに回った刃を演じる心苦しさというのもありましたか？

井桁　ええ。唯阿も苦しかったと思うんですけど、私もそれを演じることが苦しかったところはありますね。いったい私は垓の横で何をしてるんだろう？って。結婚相談所でお見合いに付き合わされたりとか……あれはたぶん業務外の話だと思うんですけど(笑)、戦いたくもない飛電と戦わせたりとか。そういうときの唯阿の本心が演じる上でわからないままで、唯阿の迷いがそのまま私自身の迷いにもなっていたと思います。とにかくいろんな人に「どう思いますか？」って聞いたり相談したりして、岡田さんにも「これ、どういうことだと思います？」って聞いたりとか。

――岡田さんに相談してみていかがでしたか？

井桁　あまり解決しなかったですね。

岡田　おい！(一同笑)　でも、確かに最初から悩んでたよね。盗撮とかしていて、何をしてるのかわからないというキャラクター。確かにミステリアスな魅力ではあったと思うんだけど、演じるのに苦労はしたと思うよ。

井桁　自分がわからない以上、他の人に聞いて解決する話でもないんですよね。私も100％の答えは返ってくるとも思ってなかったりもするので、そこは背中を押してほしいというか、「大丈夫だよ」「いいんじゃない」みたいな会話をしてくれただけでも私としては救われたかなと思ってます。

――第33話の辞表パンチでは視聴者もテンション上がりましたからね。

岡田　あれは面白かった！

井桁　それまでのモヤモヤがあったからこそ、結果的に34話で報われたなと思えましたし、これで先に進めるんだという感情に持っていけたので、今思えばその悩みも間違ってなかったなと思いますね。

――やはり、あの回はお二人にとって特別な回？

岡田　そうですね。垓に嘘の記憶を暴露されて……という展開なんですけど、あれが不破と刃の縦軸のラスト、決着とも言える回だと思っていて。だから、不破と刃の関係性という点で言えば一番印象に残ってるエピソードです。刃が「私には夢がないが信念はある」って言いながら垓に戦いを挑む。それを見て不破諫も戦うことを決意するという。あそこはお互いを大丈夫か？って心配したりする優しさとかではなく、ただ背中で語りながらその強さに影響し合って立ち上がるというシーンでした。2人で共闘したら息がぴったり合うという、そんなところもよかったですね。

井桁　私もあのエピソードの一連はすごく覚えてます。バルキリーに変身したあとも、背中と背中を合わせてクルッと回ったりとかのコンビネーションがあったり、最後に「行け！刃！」って言ってくれて。

――あのアクションシーンは胸熱でしたね。

井桁　私が最後に素手でパンチするときも、ショットライザーを投げ捨てるんですけど、それを不破がキャッチしてくれて「行けよ！」って表情をしてくれるんですね。唯阿には誰がキャッチしたか見えてないんですけど、放送を観て「あぁ、そうなんだ！よかったな」と思いました。あのとき、最初の2人にはありえない関係になってるんだなというのをすごく感じられました。今も大好きな回です。

――ちなみに、役者・岡田龍太郎と井桁弘恵の役柄の共通点ってどんなところですか？

岡田　わりと役柄っぽいところはあるのかな？　彼女はしっかりしてる感じがあって、普段から「唯阿か！」って思うようなことを言ってきますからね。

井桁　確かに(笑)。岡田さんは年上ではあるんですけど、不破との関係を演じさせていただいている関係もあって、普段も生意気な口を叩かせていただいてました。たとえば……岡田さんがネクタイを燃やしちゃったときとか。

岡田　あれな。僕と唯阿が外のシーンだったんですよ。確か「頭の中のチップ」の話をしてたところなんですけど、とにかく寒くて……「チップ」って言いたいんですけど口が全然動かないんですよ。かじかんじゃって。

井桁　(笑)。

岡田　そしたら、スタッフの方がストーブを持ってきてくれて、「暖まれ！」「顔を近づけろ！」って言われたので近づけたら、近づき過ぎてネクタイがちょっと焦げちゃったんです。そしたら井桁さんが「何してるんですか」って思いっきりツッコんできて。

井桁　岡田さんはツッコミどころが多い方なので、全部ツッコんでましたね。

岡田　そうね。さっき話した14話の「下がれ下がれ！」だって不破に対する刃みたいなもんですからね。「お前、勝手に行動するな」みたいな。

――以前、井桁さんと鶴嶋さんの対談で「鶴嶋さんが姫で、井桁さんが母」という話をされていましたけど、鶴嶋さんに対してだけではなく、井桁さんはやっぱり母なんですね。

岡田　わっ、そういう感じするかも！(笑)　鶴嶋さんは確かに姫で、井桁さんは母だな。お母さんに「ゲームやめなさい」とか「宿題やってからって言ったでしょ」とか注意されたら、ちょっとめんどくさいじゃないですか。そういう感じ(笑)。

井桁　うーん、そうなのかなやっぱり(一同笑)。

おかだ・りゅうたろう：
1993年12月27日生まれ。兵庫県出身。第29回ジュノン・スーパーボーイ・コンテストで準グランプリを受賞。テレビドラマ『脳にスマホが埋められた！』『僕たちがやりました』で俳優デビュー。以降、テレビドラマを中心に活躍。

いげた・ひろえ：
1997年2月3日生まれ。福岡県出身。情報番組『ZIP!』のレポーターを経て、映画『クロノス・ジョウンターの伝説』『イソップの思うツボ』、CM、テレビドラマ、MVなどに出演。バラエティ番組への出演も多く、雑誌『MORE』『JELLY』のモデルとしても活躍中。

高橋文哉×桜木那智

［飛電或人／仮面ライダーゼロワン役］［天津垓／仮面ライダーサウザー役］

かたや飛電インテリジェンス、かたやZAIAエンタープライズの代表としてしのぎを削ってきた飛電或人と天津垓。そんな劇中の2人とは対照的に超が付くほど仲良しな高橋文哉と桜木那智が、友として切磋琢磨し合った日々を語る、熱き〝社長〟対談！

撮影◎真下 裕（Studio WINDS）
取材・構成◎山田幸彦

すぐに打ち解けた社長たち

――最初にお二人が共演されたのはどのシーンですか？

桜木　11話の社長室挨拶ですね。

高橋　名刺を交換したところだよね。

桜木　文哉ちゃんが温かく迎えてくれたから、とても話しやすかったです。僕が登場したあとも新しいキャストが来たら率先して気配りをしてたし、みんなを引っ張っていい作品にしようという気持ちが伝わってきました。

高橋　……最近インタビューがたくさんあるじゃないですか。毎日ベタ褒めされるから、すごくよく眠れるんですよ（笑）。

桜木　1年間やり通した文哉ちゃんだからだよ。ご褒美みたいな（笑）。

――最初の頃の共演シーンで、特に記憶に残っている部分というと？

高橋　17話のカフェのシーンは覚えてますね。

桜木　風がめっちゃ強い日でしたね。日差しもめちゃくちゃキツくて。

――ZAIAスペックの売れ行きが1000％じゃないことを或人にツッコまれるくだりですね。

高橋　あの回、中澤（祥次郎）監督ですよね。僕的にはもっとツッコミ風に言おうとしてたんです。そしたら那智くんの芝居がシリアスだったから、ちょっと小馬鹿にした感じにしてみたりして。

桜木　現場ではああいう演出になるとは思ってませんでしたが、放送ではちょっと効果音も入って面白い感じになっていましたね。垓としては大真面目なんだけど、傍から見るとそこが面白いみたいなシーンは多かったですね。

――或人は狙ってボケるけど、垓は素が面白い部分があると思います。

桜木　年齢詐称するし（笑）。なんで若さにこだわってたんだろ？

高橋　それは那智くんしかわからないですよ！（笑）

桜木　まあ、なんとなくはわかるんです。見栄を張ってるわけではないと思うんですけど、アンチエイジングにこだわっていて。

高橋　その結果、自称して信じてもらえるギリギリは24歳だと思ってるんですよね。

桜木　俺はそのとき22だったけどね（笑）。

――若く見せる一方で、「若さほど罪なものはない」とも言ってましたよね。

桜木　若いのがいいと思ってるから、余計に言っちゃったんじゃないでしょうか。或人が22歳で嫉妬もあったんでしょうね。

高橋　自分を差し置いて大好きな飛電インテリジェンスの社長になってるから、余計にね。

桜木　飛電是之助さんを尊敬していて、自分がそこに行きたかったのに、なぜ孫なんだという。その気持ちが言葉に表れてしまったのかなと思って演じてました。

撮影前日は社長合宿

――当人同士はすぐに打ち解けられたとのことですが、お仕事勝負に突入して、劇中ではさらに対立を深めていく展開に関していかがでしたか？

高橋　僕はけっこう楽しかったですね！　いろんな職業にも触れられるし。それこそ生け花なら生け花のプロの方が来てくれたりして、毎日が新鮮でした。知ってる職業でも見方をちょっと変えると新たな発見があって面白かったです。

桜木　こんな職業があるんだという発見があったり、それで勉強できたりすることが多くて貴重な経験でした。お芝居的にも、放送では悪者として文哉ちゃんに接してましたけど、そこの掛け合いについての相談も和気藹々とやってましたね。

高橋　2人だけのやりとりも多かったですからね。なので、那智くんがうちに2泊3日で泊まったりとか。

桜木　いろいろ喋ったよね。明日の撮影の台本を読んで「ここはどうやる？」とか。

高橋　やってた（笑）。家で2人でホン読みをして臨むから、絶対セリフを忘れないという。唯阿とかイズのセリフもそれぞれが担当して読み合わせしたり。もちろん全然お芝居に関係ないプライベートの話もしながらね。

桜木　だから、お仕事5番勝負でより仲が深まった感じがありましたね。めっちゃ楽しかった。なんか高校生に戻ったような気分がありましたよ。ふざけるところはふざけて、引き締めるところは引き締めてやることができました。

――ただでさえ共演シーンが多いのにオフでとは、本当にこの時期はずっと一緒だったんですね。

高橋　泊まり込みの中で芝居が作られていきました（笑）。ご飯を作ったりもしてたんです、僕が。

桜木　それを見て学んで、僕は洗い物をするっていう。一時「付き合ってるんじゃない？」ってメイクさんに言われたりして（一同笑）。

――この辺りで変身後の仮面ライダーサウザー登場もあり、バトル的にも盛り上がるところでしたが、アフレコもご一緒に？

高橋　スケジュールでバラバラになることもあったけど、基本一緒にやってました。それこそ初戦闘のところとかね。僕はそれまでの回である程度アフレコに慣れてたものの、1話の頃は苦労してたんですよ。で、那智くんも大変だろうなぁ……と思いきや難なくこなしていて、普通にできるんかい！って（笑）。

桜木　いやいや、大変だったよ！（笑）　そういえば文哉ちゃんは、中盤でやっとアフレコの楽しさがわかってきたって言ってたよね？

高橋　そう。今だから言えますけど、20話くらいまでアフレコに楽しさを見つけられなくてツラかったんです。或人のキャラ的に声を張るから、毎回ノドを壊しますし。

桜木　それがメタルクラスタホッパーの登場で変わったんだよね。

高橋　そう！　あの暴走する展開でアフレコをやりきる達成感があって、そこからは「今日はアフレコの日だ！　やった！」って思うようになりました。

――それはずいぶん変わりましたね（笑）。高橋さんの思うアフレコの楽しさとは？

高橋　縄田（雄哉）さん演じるゼロワンに自分の声を入れることでさらに魂を吹き込むと言いますか。そこに楽しさがありますし、アフレコってとにかく無限の可能性を秘めてるんです。人によって声のかけ方とか張り方もあるし、こうやったらもっと気持ちが伝わるかなとか、その試行錯誤が面白いです。

――現場のアドリブでスーツアクターさんがセリフや芝居を追加されることもありますよね。

高橋　ですね。僕は縄田さんに「自由にやってください！」と伝えていて、縄田さんも「こういう感じでやっとくわ！」って毎回言ってくれるんです。で、実際にアフレコで映像を見たらいいタイミングでセリフを入れてくれていて。『確かにここで『逃げて！』ってセリフを挟むと行動が伝わりやすいな……』とか、毎回勉強になりました。

桜木　僕もスーツアクターさんにすごく助けられました。僕自身は20代、演じる天津垓は40代ということで、最初は観てるみなさんもギャップを感じたと思うんです。でも、変身後の永徳さんはリアルな40代だから、悪の貫禄を出しつつ僕の雰囲気に寄せてくれて、年齢差を埋めてくれていました。それに、僕はライダー好きでもあるから、ずっと2号ライダーなどをやられていた永徳さんと同じ役を演じること自体、感慨深いものがあって。

――第22話でメタルクラスタにサウザーが追い詰められた際、とても嬉しそうにしていた姿が印象的でした。

桜木　ホン（脚本）にはなかったんですけど、杉原（輝昭）監督が「笑ったらいいんじゃない？」って提案してくれたんです。あそこで垓の狂気的な部分とかいやらしさとかが出たので、あの笑いはすごくよかっ

垓が謝っても許さないくだりは気持ちが乗りました。垓との芝居で一番かなってくらい(笑)。(高橋)

たですね。

——第23話では、婚活してるという意外な一面も発覚しましたね。

桜木　ホンを読んでビックリしましたね。「婚活するんや!?」って。ちょうどお仕事5番勝負でZAIAが勝ってるときでしたけど、あれはホン打ちで「誰が婚活してたら面白いかと言ったら、垓だろう」となったらしいです(笑)。監督の諸田(敏)さんもノリノリで唯阿の棒読みとかを演出してましたよ。

高橋　諸田さん、ああいう面白い回が大好きですからね。

桜木　他にも聞いてないことがすごく多くて。37話のときも脱ぐと思ってなかったんですけど、「わ、わかりました」って(笑)。

——お仕事5番勝負編の中でそれぞれ印象的な回はありますか?

高橋　僕は28・29話のMCチェケラ回ですかね。

桜木　確かに。僕も消防士回(第26・27話)とチェケラかな。けっこう熱い展開だったから記憶に残ってます。

高橋　チェケラが暴走したところで或人のヒューマギアへの気持ちを再確認したし、人生初の長ゼリフもあって。

桜木　ずっと言ってたよね。ホンを見て「多いな……」って。

高橋　1.5ページくらいだったかな? 或人はあまり長いセリフを言わないキャラクターだったから新鮮で。お話的にも締めくくりに相応しい回だと思いました。

後半の関係性の変化

——お仕事5番勝負には垓が勝利するわけですが、その後の共演だと、或人が迅と共闘して垓を倒す第31話もポイントかなと。

桜木　あぁー、迅との共闘。あそこは「このままで済むと思うな、飛電或人!」ってセリフが台本にはなかったんですが、或人への怒りをセリフで表現させてもらいたいと思って、柴崎(貴行)監督に提案したら「いいよ」と言ってくださったんです。あと、2人の仮面ライダーからライダーキックをやられるのはちょっと珍しいよね。

高橋　そうだね。2対1はあまりないかも。

桜木　怪人に対してのダブルライダーキックはよくあると思うけど……やっぱ、『ゼロワン』は天津垓が共通の敵みたいな時期があったからかな(笑)。

——とにかく共通の敵として、やられては白い服を汚しまくっていましたね。

桜木　メイクさんと衣裳部さんが毎回泥を付けてくれて、本当にありがたかったです。そういうことで言うと、日傘もありがたいアイテムでしたね。最初はあまり天津垓がどういう人かわからなかったので、そういうアイテムや嫌みっぽいセリフを手掛かりにして演じていて。だからか、「プレジデント・スペシャル」では或人に「白いのは服だけだよ!」って言われてしまいましたが(笑)。

高橋　あれは他にセリフがあったんですけど、あの一言だけで垓を表現したほうがわかりやすいと思ってなくしたんですよね。でも、或人は芸人なのに、初めて会ったときにそれを言わなかったのは偉いです。成長です。もし2話とかで会ってたら「なんだ、その真っ白い服!」って言ってたと思うので、社長と仮面ライダーとしての活動を通して気遣いを覚えたというか。なんでもかんでもツッコんじゃダメみたいな。

桜木　最初から思ってはいたんだろうね。いろいろ迷惑をかけられてる内に、後半では言うようになってしまった(笑)。

——垓はお仕事勝負の勝利を機に飛電インテリジェンスを乗っ取ったものの、第37話では数々の悪事が明らかになったり、どんどん陰りが見えてきました。

桜木　あそこまで上り詰めてしまうと、あとはやられるターンに入っていきますよね。でも、「こんなに横領してるんだ!?」ってビックリしましたけど。

高橋　エステと日焼けサロンに、横領以外もパワハラ、モラハラ……(笑)。

桜木　最初は悪って言われてなかったので、「めっちゃ悪やん!?」と思って。

——この辺りになってくると、2人の絡みは変身後のお芝居が多くなっていった印象ですが。

高橋　確かに変身前の芝居は少なかったんですよね。

桜木　だから後半は絡みが少なくて、ちょっと寂しかったです。

高橋　僕は朝から夕方までやって……。

桜木　僕は文哉ちゃんが帰る頃に「あっ、僕、今からなんだよね」みたいな(笑)。全然被らなかったね。

高橋　サウザー課になってからも、ほとんど一緒のシーンなかったですからね。イズが壊された場に垓だけいなかったし。

——では、後半はアフレコ現場で初めて活躍を知るみたいなことも?

桜木　そうですね。

高橋　38話のラストで、やられた僕の前にサウザーと犬のさうざーが出てくるシーンなんかは、それこそ永徳さんとずっと芝居してました。社長解任をもみ消そうとしたサウザーに突っ込んでいったとき、胸の角にどれだけぶつかったか……(笑)。永徳さんは迅もやってるから、オールアップのときに「一番芝居しましたね!」って話したくらい後半は一緒でしたね。

桜木　あの角、けっこう硬いもんな!

高橋　38話の社長解任のときもぶつかっていったからホント痛くて(笑)。

桜木　それにしても、不祥事をああやってもみ消そうとしたのは人としてヤバかった!(笑)　僕、めちゃくちゃ天津垓を愛してますけど、「それはあかんよ！」って言いたかったですね。

——そんなイベントも経て最終的に改心するわけですが、第39話では、さすがに一度の土下座だけだと或人もなかなか許してくれませんでしたね。

高橋　あの芝居は楽しかった！　ずっとツッパってた垓がやっと謝るよ！って。

桜木　文哉ちゃん、ずっと嬉しそうにニヤニヤしてたんですよ(笑)。

高橋　気持ちがすごく乗りましたね。許さないくだりは、垓との芝居で一番乗ったんじゃないかなってくらい。

桜木　そこが一番？　嘘でしょ⁉(笑)

高橋　或人も掴みかかられたりしてたし(笑)、気持ちの入るシーンでしたね。

桜木　まぁ、許されないよねぇ。だって、アーク作ったんだもん。

高橋　でも、或人はそこにはあまり執着してないよね。どうせ誰かがアークのような存在を作るとは思っていて、他人に迷惑かけたことを一番怒ってるのかなって。

桜木　なるほどね。

今後の或人と垓が楽しみ！

——終盤になって垓の出自が明かされましたが、或人はヒューマギアに育てられてきて、垓はＡＩＢＯのさうざーを封印してきたのが対照的ですね。

桜木　自分の力にしか頼らなくなってしまった垓という。そこがいい対比でしたね。

高橋　社長が2人も出てるのに、同じ匂いがしないのはいいですよね。

——サウザー課の課長になったり、垓はどんどんギャグ方向に推移していきました。

桜木　そこからはもう、ひとつの役目を終えてちょっとネタキャラに転身しました(笑)。

高橋　みんなの尻に敷かれたりしてね。でも、垓は偉いですよ。素直じゃないかもしれないですけど、ちゃんと切り替えるというか反省の色があって、垓なりに責任を感じたりしてる。

桜木　アイちゃんとさうざーのおかげで成長があったんでしょうね。

——それぞれ終盤で特に印象に残ってる場面は？

高橋　43話で、ダークサイドに堕ちた或人を止めるために、垓、不破、唯阿の3人がトンネルで或人と対峙するところです。あそこで那智くんが「なぜ我々の命を滅ぼそうとしない？」と言う芝居が好きなんですよ。僕は変身してたからアフレコ時にモニターで見たんですけど、久々に見た垓の芝居だったこともあって、「より垓になってんな！」って。めっちゃ眉毛動かすし(笑)。

桜木　そういえば、ずっと眉毛芝居って言われてた(笑)。僕、感情を出したいときにけっこう眉毛を動かすんですけど、眉毛芝居と言われるのはディスられてるのか褒められてるのか(一同笑)。

高橋　もちろんいい意味だよ(笑)。あんなに自由自在に動かせるのはすごい！

桜木　ありがとう(笑)。俺が好きなのもそのシーンかな。或人が闇堕ちして、もう放っておいてくれって言うのがね。

高橋　みんなを順番に睨んでいくやつね。

桜木　そこに今までの楽しい或人がいなくて、「滅を絶対に倒す！」って気持ちに塗り潰されている感じがよかった。

高橋　闇堕ちはみんな褒めてくれたなぁ(しみじみ)。

桜木　闇堕ちからじゃないよ！　前から褒めてる！(笑)

——最終回での垓は、今後も活躍があることを予感させる様子がありましたね。

桜木　「大いなる夢を抱いたとき、誰であろうと社長になる」って言ってましたけど、あれはいいこと言ってるふうでいいことなのかよくわからないですよね(笑)。

高橋　サウザンドライバーも新しく作られてたし、サウザー課ってなんなんだろうとか、気になることがたくさんあります。この先、或人も会社に集中するなら垓との絡みが多そうですよね。

——今後、或人と垓のこういった描写が見てみたい、というのはありますか？

桜木　是之助さんと垓の過去をぜひ観てみたいです。

高橋　確かにあまり出てないよね。写真だけだし。

桜木　そう。初変身の回で、「彼は私の憧れだった」って言ってただけなので。

——それだけ飛電是之助との関係が深いなら、小さい頃の或人とすれ違ってたりする可能性もありますよね。

高橋　確かに。本編だと掘り下げられていないところだし、ぜひ観てみたいですね。

桜木　子供時代だと、文哉ちゃんは出られないけどね！

高橋　それは困る(笑)。なので、過去だけじゃなく、成長した或人と垓の交流の機会を楽しみにしてます！

僕、めちゃくちゃ天津垓を愛してますけど、「それはあかんよ！」って言いたかったです。(桜木)

さくらぎ・なち：
1997年7月24日生まれ。京都府出身。177cm。2019年、ドラマ「向かいのバズる家族」にて連続ドラマ初出演。高身長を活かし、ファッションモデルとしても活動中。

砂川脩弥 × 中川大輔

［滅／仮面ライダー滅役］［迅／仮面ライダー迅役］

人類滅亡の夢に徹頭徹尾邁進した滅と、無邪気な子供から悩める青年に成長を遂げた迅――。滅亡迅雷．ｎｅｔの中枢を担う2人の関係性が、1年にわたる物語の中でいかに変化していったのか。演じた砂川脩弥と中川大輔が、その軌跡を振り返る〝親子〟対談！

撮影◎真下 裕(Studio WINDS)
取材・構成◎山田幸彦

終盤の展開を想像もしていなかった

――滅と迅のコンビは、当初の関係性から大きく変化していきましたね。

中川　特に迅は、最初5歳児でしたからね(笑)。

砂川　変化……大きかったですねぇ。迅との関係は変わってきたけど、或人とはずっと対立しているのも好きでした。中途半端に味方になっちゃうよりは、最後までぶつかり合いをするのがいいなって。

――序盤で印象的なシーンというと、それぞれどの辺りになりますか？

砂川　2人で一緒のシーンで言えば、6話ですね。舞台の上で迅が初変身をしたシーンです。

中川　ああ、確かに！　あそこは僕も好きです。

砂川　あの頃のことを思い返すと、5話で親子設定が明かされてはいたものの、終盤の切ない感じの親子関係になるとは考えてもなかったんですよ。

――この頃は冷酷な面が強調されていましたからね。

砂川　この頃の滅って、慕ってくる迅の気持ちを利用するムチャクチャ嫌なヤツだと思っていました。いい父親なんて全然頭になかったし、僕自身もとにかくむちゃくちゃエグい悪役になってやろうって(笑)。

――迅は迅で非情にヤンチャ……というか、無邪気ゆえの怖さがあるキャラでしたね。暗殺ちゃんに嫉妬して頬を膨らませたり、とにかく子供っぽさが強調されていた印象があります。

中川　11話でほっぺたを膨らませるところは中澤(祥次郎)さんのアイデアですね。そういうシーンに対する視聴者のみなさんの反応から、そこが迅の魅力の一つかなと感じたので、途中から意識して子供な面を強調していきました。暗殺ちゃんとの関係も、一緒にワチャワチャできたらいいなと思ってやったりして。

砂川　俺は静かに見守ることしかできなかったけど(笑)。

――滅はどうしてもキャラ的にはしゃげないですからね。

砂川　そうですね。1年間遊ぶことのできない立場でした。迅と暗殺ちゃんの共演シーンは2人でかなり自由に作っていて、羨ましかったです。暗殺ちゃん役の(松村)龍之介さんも楽しんでいました。

滅亡迅雷．ｎｅｔの魅力は〝家族感〟

――そんな序盤の2人にとってひとつのターニングポイントが、第15・16話ですよね。15話で滅が一度倒されてしまい、迅は孤独になってしまうということで、あそこはいかがでしたか？

砂川　水落ちの場面はホントしんどかったです。迅との関係性も綺麗に表したくて、いろいろ考えましたし……何よりも寒かった！(笑)

――もう寒い時期の撮影ですよね。

砂川　そうなんです。しかも、あのときは衣裳が全然沈まなくて、僕を抱えてる永徳さん(仮面ライダー迅のスーツアクター)が浮かばないように衣裳を一生懸命引っ張ってるんですけど、でも沈まないみたいな。僕としてもキレイに沈みたかったんですけれど、なかなか上手くいかなくて(笑)。

中川　沈む前に引きの画(え)になってましたよね。あとは、カメラが滅と一緒に水中に入っていくっていう。

砂川　そうそう。だから、結果的にキレイな画になってよかったね。

――滅が一時退場したあとの孤独な時期の迅に関しては？

中川　何もかもがどうでもよくなっちゃって、人類滅亡に向かっている感じでしたね。僕としても寂しかったです。

――戦う以外のことを教えられていない悲しさがありましたよね。

中川　そうなんです。滅に教えられたこと以外の知識がないから、どんなことが起きても人類を滅ぼすというリアクションしか起こせない。そこが序盤の迅の悲しさだと思います。ただ、ここで孤独を経験し、或人に一度倒されたことが後半に活きたなと。

――蘇った迅の外見、内面ともに大人になった姿はインパクト大でした。

中川　一度破壊されてからは思念体みたいな状態で生きてたと思うんですけど、そこでいろいろ考えた結果、多角的な物の捉え方ができるようになって、ああいう性格に変化したんでしょうね。

砂川　確かに、あれだけの出来事を経たら、あそこまで大人になるよね。

――新衣裳もよかったですね。かなりスタイリッシュなイメージになって。

中川　あれはZAIAクオリティです(笑)。あの衣裳が自立した男というのを表してくれていたと思うし、演じる上でもやりやす

ずっと滅の重たい芝居をやってたから、最後の笑顔を見せるシーンで完全燃焼できました。（砂川）

かったですね。なんだか背筋が伸びる感じがするんですよ、スーツを着ると。

――厳密にはスーツに見えるツナギですけどね(笑)。ちなみに、番組序盤は敵幹部が滅と迅だけでしたが、組織名が「滅亡迅雷.net」ということで、「亡」と「雷」はいつ出てくるんだって2人で考えることもあったんですか?

中川　はい。僕らも知らなかったから、視聴者のみなさんと同じ視点で、どうなるんだろう?って(笑)。

砂川　そこはむしろ、俺らからスタッフの人たちに聞きたいんだよね。最初から滅亡迅雷全員の登場を決めてたのか、途中で入れようとなったのか。

中川　たぶん序盤からけっこう変わってると思うんですよ。亡もスピンオフ(『プロジェクト・サウザー』)でしか登場してなかったのに、本編でガッツリ出るようになりましたから。

――結果として全員が登場することで、作品内での滅亡迅雷.netの活躍の比重もだんだん大きくなっていきました。

中川　あの2人が作ったキャラクターの魅力がそうさせたのかなって。僕たちだけじゃここまでは来なかったんじゃないでしょうか。中山(咲月)さんも独特の魅力を持っていますし、山口(大地)さんも男気に溢れていて、それぞれ個性が強いじゃないですか。あの2人が僕らにないものを組織にもたらしてくれたなと。

――とはいえ、やはり滅亡迅雷の主軸を担った迅と滅のキャラクターの力が大きかった気はしますが。

中川　それで言うと、僕ら2人の関係性が親子になったから、あとから来た2人も家族として見ることができるじゃないですか。滅が父親で迅がその子供だったら、他の2人はどういうポジションになるんだろうって。その家族という関係性が滅亡迅雷.netの魅力に繋がっているかもしれませんね。

砂川　家族の役割はあえてこっちでは決めたくないよね。みなさんに想像で楽しんでほしいと思います。

スーツアクター陣との絆

――変身後のシーンについてもお聞きしたいのですが、第8話での滅の変身の際、迅(フライングファルコン)が背後でめちゃくちゃ喜んでるカットが、中川さんのアフレコも相まって迅らしさに溢れていたなと。

砂川　あそこ、すごくよかったですね。観ていて後ろがめちゃくちゃ気になった(笑)。

中川　あそこは永徳さんの動きがすごいなって思いましたね。本当に高岩(成二)さんと永徳さんのコンビで滅と迅の魅力を打ち出してくれました。

砂川　撮影現場でも2人は役と近い感じがなんとなくあるよね。

中川　高岩さんは武者!って感じで永徳さんはお茶目で(笑)。

――砂川さんは高岩さんと同じ役を演じたのをあちこちで語っていらっしゃいますね?

砂川　それはもう……僕にとってめちゃくちゃ誇りですよね。周りに自慢できるくらいすごいことです。

中川　ずっと高岩さんのライダーを見てきた世代ですからね。やっぱり違うんですよ、高岩さん。歩き方から攻撃から色気があるというか。

砂川　少ない動きの中でカッコよさを出すキャラクターということで、個人的には過去に高岩さんが演じられた仮面ライダーカブトに近いものも感じたんですけど、滅はそこにヒールっぽさが加わっていてまた違うカッコよさがあるんですよね。今さら自分が言うことでもないですけど、この人すごいな!って思いました。これまでずっと正義のヒーローをやっていたのに。あそこまで悪役感も出せて。

――ご本人としても楽しかったようですね。今までずっと主役ヒーローをやってたから、悪を演じる今年はまったく新しい挑戦ができる機会ということで。

中川　確かに殴り方ひとつとってもエグいですもんね(笑)。

砂川　そうだね(笑)。

中川　これまでは絶対見られないような、敵を徹底的に潰しにいく感じの戦い方がカッコいいんですよ。必殺技のスティングディストピアも殺傷力が高そうだし、正義の味方にはなかなか出来なさそうな動きばかりですよね。

――変身前の滅は腰に差した刀を使用しますが、その使い方に関しては高岩さんから指導を受けられたのでしょうか?

砂川　僕は別の仕事で槍を少し使ったことがあるんですけど、刀は初めてだったの

で、いろいろ現場で相談しました。その結果、派手に刀を振り回すのは滅らしくないし安っぽくなってしまうから、ゆっくりとした動きを中心にすることに。あとは、静かに最小の動きで闘志を見せる雰囲気の出し方を習いました。ちょっとした指遣いとか細かいところでセクシーに見せる芝居も教えてもらって、貴重な経験でした。ただ、実際はあまり人を斬ってないんですよ。劇場版『仮面ライダー 令和 ザ・ファースト・ジェネレーション』でゲイツの足をちょっと斬ったくらいで、基本的な使い方は指揮刀というか。

中川　44話で地面に刀を刺す変身は誰が考えたんですか？

砂川　あれは杉原（輝昭）監督だね。自分であまりいい案が思い浮かばなくて、悩みに悩んだ末に「いいのないですか？」って杉原監督に聞いたら、監督が全部作ってくれた（笑）。

中川　あれ、滅にすごく合ってたから、最初から考えてきたのかなって思ってました（笑）。あの変身シークエンスから刀がバーンって出てくるのに繋がるのもいいじゃないですか。

砂川　オーソライズして挿したあとに刀を握るところがね。それこそ、ああいう場面での刀の使い方を高岩さんに教えてもらったんだよね。

迅も後半はジメジメしたシーンが多かったので、最後に心の底から笑えたのはよかったです。（中川）

怒濤の終盤を迎えて

——終盤まで滅はアークのために行動をしていましたが、迅はアークに従う以外の道を模索していたり、滅より大人な部分すら出てきた感じがありましたね。

中川　滅はインプットされた行動しかできないですけど、迅は或人に倒された時点でそこを越えちゃったというか。

砂川　そう。迅の再登場後は、序盤の「教えてもらったことしか知らない迅」と「知識で勝る滅」の関係がひっくり返ってるんですよね。

中川　滅って指令にとても忠実で、そういうところはすごくヒューマギアらしいと思います。

砂川　あんなにいろんな経験はしてるんだけど、頭が固いというか。

中川　そういう意味では自我がめちゃくちゃ強いのかな。

砂川　自我というより、信念かな。何年も人類滅亡を考えていて、結果としてそれが滅の夢にもなっていたわけだから。

中川　だから、アークの指令に関係なく迅をかばってしまったとき、滅は自分の感情を素直に認められなかったんですね。

砂川　人類にある「心」が自分にもあるって認めたら、滅の存在意義がなくなっちゃうからね。自分で演じていても、とにかく殻を破るまでが大変でした（笑）。

——終盤だと、37話で滅亡迅雷が集合して4人並びで変身するシーンもありました。

砂川　あそこは制作陣の「揃えたい！」という気持ちを感じましたね。俺たちも揃いたかったですし。

中川　でも、アーク状態の迅を混ぜるところに、天の邪鬼なところがあるなって。

砂川　視聴者の期待に応えつつ、ちょっと予想の斜め上を行くみたいな。

中川　王道展開へ素直に行かない感じも嫌いではないですけどね（笑）。アークとして演じていたものの、僕の気持ちは滅亡迅雷寄りだし、元のフォースライザーで変身したかったですけど、それはまた違う機会にできるといいなって。

砂川　希望をここで出しておけば、もしか

したら今後何かの機会にやってくれるかもしれない(笑)。僕にとってもみんなで変身できたことですごく胸熱な気持ちになったシーンではありました。自分は亡の変身も立ち会えなかったし、雷の変身も見てないですからね。あのときは楽しかったです。アーク迅の変身も見たのは初めてだったんだよね。

中川　ああ、確かにそうか。めちゃくちゃカッコよく撮ってもらいましたよね。

――その他に終盤の現場で印象的なエピソードがありましたか？

中川　43話で爆発の火の粉が降りかかってましたよね？(笑)

砂川　ああ！(笑)

中川　僕が爆発するシーンだったんですけど、ナパームの火の粉が転がっていった砂川さんにかかっていて、JAEのみなさんが大慌てで駆け寄ってたんですよ。現場で見たときは僕も焦りましたけど、そのときの画が本編で使われていて(笑)、ちゃんと悲しい映像になってよかったです。

砂川　あのときは現場の人に守られてる感があって、すごく安心感があったなぁ(しみじみ)。

中川　そういう話で言うと、我々とは関係ないんですけど、ある日、井桁(弘恵)さんが柵を跳び越えるシーンで足が引っかかって転んじゃったことがあったんですよ。そこで一番最初に駆けつけたのが変身後を演じる藤田(慧)さんで、なんだか感動しちゃったんですよね。スーツアクターと変身前の役者の絆も感じましたし、僕らはこういう頼れる人たちと一緒に仕事をしてるんだなと改めて思って。

砂川　俺らが困ってるときもすぐ駆けつけてくれるからね。

中川　そうそう。41話で僕ら2人のすごく長いアクションシーンがありましたけど、僕には永徳さんがつきっきりで、砂川さんには高岩さんがつきっきりで教えてくださったんです。アクションの場面で一番心配してくれたり、力を貸してくれるのが自分の変身後を演じるスーツアクターさんで、それがとっても嬉しかったですね。

ほのぼのした 滅亡迅雷.netが見たい

――最終話のエピローグの撮影に関してはいかがでしたか？

砂川　いつもとは違う感じで楽しかったよね。

中川　うん。でも、最後まで芝居に関してはお互いあまり話し合わなかった(笑)。

砂川　そうだね。普段は本当にしょうもない話しかしない(笑)。

――そんなテンションの2人だからこそ、やりやすかったりするのでしょうか？

中川　そうですね。僕も砂川さんもカメラが回ってスタートがかかるまでスイッチが入らないタイプだし、重たいシーンが多い後半でも、あまり気を遣わずにできたかなって思います。

砂川　イズを破壊したあと、迅が滅を止めに来るシーンでちょっと話し合ったくらいかな？　あそこは心情を表現するのが大変だったね。

中川　ですね。ただ、最終回のエピローグでは1年間積み上げてきた集大成を表現できたと思うんですけど、むしろそこに至るまでの各エピソードで描かれる2人の葛藤のほうが大変だったという感じです。

――滅が笑顔を見せるのは、視聴者としても新鮮な感覚でした。

砂川　それまで明るい感じがホントなかったですからね、俺は(笑)。

中川　迅も、後半はどうしてもジメジメしたシーンが多かったので、心の底から笑えたのはよかったです。撮影の日はワクワクしました。

砂川　笑みを見せるところもそうだし、最終決戦もだし、最後の最後でいろんな演技ができてよかったと思います。1話からずっと滅の重たい芝居をやってたから、役者としては我慢しすぎておかしくなりそうだったんですよ(笑)。最後に爆発できてよかったなと。完全燃焼しましたね。

――このあと、『仮面ライダーゼロワン』の物語は劇場版やVシネに続きますが、やっと新たなる一歩が踏み出せたということで、今後このコンビや滅亡迅雷.netのこんな一面が見たいみたいな、それぞれの想いをお聞かせください。

中川　復活してから初めて心から笑えたのが45話のラストシーンだったので、あの関係が今後も続いていったらいいと思います。それを雷と亡から茶化されるみたいな、今までになかったほのぼのとした空気の中で演じられたらな、と。

砂川　確かに、わだかまりがなくなった滅と迅の描写は俺たちも知りたいし、視聴者のみなさんも観てみたいと思うんですよ。

――戦いを終えた彼らがどう生きていくかは、確かに気になるところですね。

中川　迅は滅の前では純粋な子供に戻れるけど、雷と亡が相手だと大人モードで接するんじゃないかな、とか。そういう今後の4人の関係性は見てみたいです！

砂川　最終回では別々に行動してるけど、何かあったら駆けつけるだろうし。

中川　本編で4人の結束が見られるシーンがあまりなかったので、もっと絆も描かれてほしいなぁ。

砂川　滅は最後のシーンで滅亡迅雷.netって組織の名前を言ってたから、それぞれの道を歩んでいても組織が消えたわけではないんですよ。滅亡迅雷.netの新たな活躍を僕らも楽しみにしています！

すながわ・しゅうや：
1994年11月17日生まれ。沖縄県出身。幼少期から沖縄にてCM出演などで俳優活動をし、2016年の『BOYSAWARD AUDITION2ND』にてBOYSAWARD賞受賞。2019年の『仮面ライダーゼロワン』が、ドラマ初レギュラー作品となる。

なかがわ・だいすけ：
1998年1月5日生まれ。東京都出身。2016年MEN'S NON-NOオーディションでグランプリ受賞。2019年のドラマ『俺のスカート、どこ行った？』で連続ドラマ初レギュラー。2020年ドラマ『極主夫道』で井田昇役を熱演。

高橋文哉 as 飛電或人　仮面ライダーゼロワン

A jump to the sky turns to a rider kick.

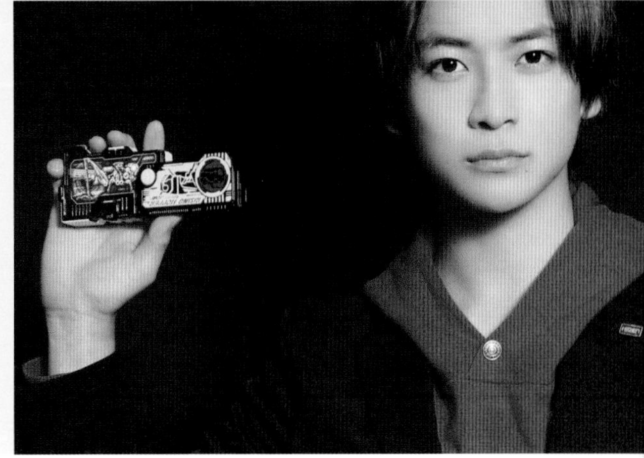

KAMEN RIDER ZERO-ONE

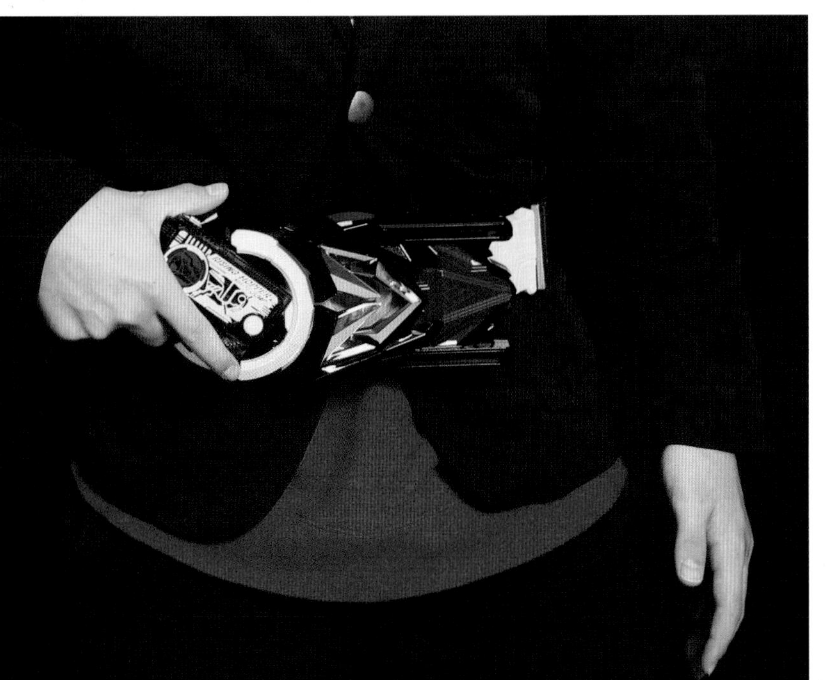

岡田龍太郎 as 不破 諫　仮面ライダーバルカン

The Elevation Increases As The Bullet Is Fired.

KAMEN RIDER VULCAN

井桁弘恵 as 刃 唯阿　仮面ライダーバルキリー

Try to outran this demon to get left in the dust.

KAMEN RIDER VALKYRIE

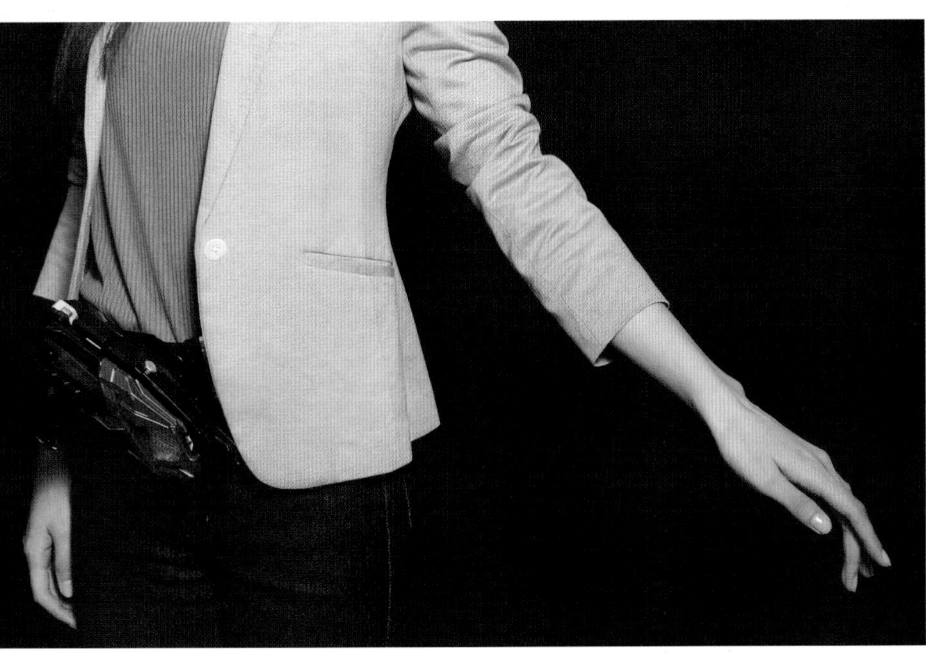

桜木那智 as 天津垓 仮面ライダーサウザー
When the five horns cross, the golden soldier THOUSER is born.

KAMEN RIDER THOUSER

砂川脩弥 as 滅　仮面ライダー滅

The conclusion after evil climbs the top of the highest mountain rocks.

KAMEN RIDER HOROBI

中川大輔 as 迅　仮面ライダー迅

The strongest wings bearing the fire of hell.

KAMEN RIDER JIN

鶴嶋乃愛 as イズ

HUMAGEAR [IZ]

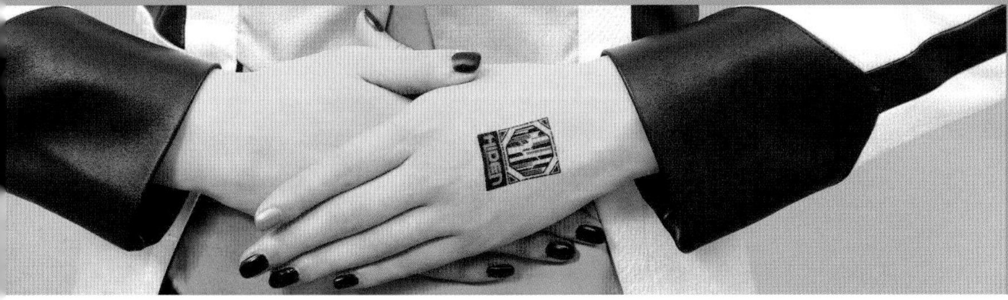

社長秘書のイズと申します。

高橋文哉×岡田龍太郎

［飛電或人／仮面ライダーゼロワン役］

［不破 諫／仮面ライダーバルカン役］

最初は激しくぶつかり合い、やがて隣に並び立ち、ともに戦い続けてきた2人の仮面ライダー——。ゼロワンとバルカンとして互いに刺激し合いながら、それぞれの思いを胸に共闘した1年を、高橋文哉と岡田龍太郎が振り返るヒーロー対談！

撮影◎丸山剛史
取材・構成◎齋藤貴義

ヒューマギアを信じる者、憎む者

——不破にとって或人はどのような存在だったと思いますか？

岡田 最初、飛電に対しての事前情報がかなり悪かったですからね。あの会社自体が諫の人生を変えてしまったデイブレイクの原因で、しかもそれを隠蔽したという悪の枢軸のようなものですよ。だから憎しみをぶつける対象だったわけですけど、或人がそんなに悪いヤツじゃないんだなってことは最初の頃にわかったので、その感情はわりと早めに消えましたね。すでに4話で或人が「隠しごとはしない」と言ってフライングファルコンへの変身を見せた段階で、それなりに信頼した感じなんですけど……。何て言うんですかね、頼りない部分もあるというか、ちょっと「世話焼かせやがって」みたいな存在ですよ。

高橋 そう。最初も憎まれてるというよりは、「なんだか自分に対して怒ってるな」という感じで、むしろ諫から言われた言葉をきっかけに自分の中でちょっと考えてみたりとかっていうこともありました。そういう中で噛み合ったり噛み合わなかったり……だから、嫌いというよりはビビっていたっていう(笑)。いきなり机にドーンってやられたり、掴みかかってこられたりしたからね。

岡田 あぁ、確かに。

高橋 或人としては「何も悪いことしてないのに、政府の方が何の御用で？」みたいなところあるじゃないですか。だから、芝居としてはビビっていいのかなと思ってやってました。

——1年経った今はもう遠慮なくお芝居できると思うんですが、序盤戦からお二人はけっこう距離の近いお芝居をされていましたよね？

2人 (同時に)そうですね(笑)。

高橋 僕はお芝居に慣れてなかったので、最初はすごく緊張もありました。日常で顔と顔をくっつけた距離で人と接することなんてありませんでしたし。クランクインの時からもう、すごく近距離でしたからね。

岡田 そうね。

高橋 だから「あぁ、芝居ってこういうもんなんだ」って。

岡田 いやいやいやいや、ないない(笑)。

高橋 そんな状況であぁいうやりとりがなんとかできたのは、もちろん監督の指示もあったんですけど、それ以上に龍太郎くんが積極的に来てくれたということですよ。付いていかないと乗り遅れる！みたいな気持ちはありましたから。

岡田 離れていなくちゃならないところでも勢いでぶつかっちゃうんですよ、気持ちが近すぎるから(笑)。でも、それは最初のシーンから不破というキャラクターの印象付けということでは大事だと思ったんです。或人と対立しているということをしっかり印象付けたかったというのもあるし。不破の性格上、すごく近い距離まで行こうって。もう額と額が合わさるぐらいの気持ちで。

高橋 鼻と鼻が当たるんじゃないかぐらいの距離ですよね。その距離感で最後までずっと行っちゃった感じで。

岡田 ちょっとずつ近づいていく、みたいな余裕はなかったですよ。一発目からバーンといったから、1日目の撮影が終わった段階でもうお互い遠慮はなかったんじゃないかな？

高橋 そう！ そのあとに社長室で机をバーンとやられる初体面のシーンだったんですけど、先に最初の屋上のシーンがあったからやりやすかったんですよ。

——或人と不破は最後まで対照的な2人でしたよね。

高橋 確かに。同じことを言っているようで常に逆のことを言ってる。

岡田 シーソーみたいな感じでね。

高橋 向いてる方向が違うわけじゃないのに、考えが真逆みたいな。

岡田 そう！ 根本的に何か違うんですよ。お互いのタイミングみたいなものがあって、それが合わない。諫が「ヒューマギアを潰す！」って言ってるときに、或人は「ヒューマギアを信じる」って言ってたし、僕がヒューマギアを信じる側になったら、今度は或人が……。

高橋 本当にシーソーみたい(笑)。

立場の違う2人の仮面ライダー

——唯阿も合わせれば最初から仮面ライダーが3人でスタートしたわけですが、その辺りの感覚は？

高橋 僕、自分が仮面ライダーなんだって実感が湧くのがすごく遅くて、変身後のスーツアクターさんの姿を現場で見て、「あれは俺が戦ってるんだ」って実感が湧いた感じでした。

——とはいえ、第1話から変身前後のシンクロ率がかなり高いと感じましたが。

諫だけ或人のギャグで笑ってくれてたこと、或人は知らないまま終わるんですよ。（高橋）

高橋　あれはもう、スーツアクターの縄田（雄哉）さんがホン（台本）読みの時点から参加してくださって、或人という役柄を理解していてくださったおかげです。

岡田　ホン読みのときにいらしてたっけ？

高橋　ホン読みのあとに変身ポーズ合わせみたいなのがあったでしょ？　その前に1シーンか2シーンくらいを見てくださってたの。

岡田　あぁ、あのとき！

高橋　変身のポーズも「もっと肩を上げてみたら？」とか「胸でリアクションすると或人らしい元気な感じに見えるんじゃないかな？」など教えてくださって。それが僕の中にスッと入ってきました。身体の使い方が本当にプロフェッショナルですからね。僕は縄田さんから「或人」を教えてもらったみたいなところがあるんです。

岡田　なるほど！　鏡のある部屋で変身ポーズの練習やったとき、一緒だったよね。まず或人がやって、次に俺もやったんだった。こっちは浅井（宏輔）さんで。あとはアクション監督の（渡辺）淳さんもいて、そこで話しながらこういう感じにしようとか相談しましたね。

――それぞれスーツアクターの方の印象はいかがでしたか？

岡田　浅井さんとアクション練習で最初にお会いしたときに思ったのは、「普通の方なんだな」ってことですね。ヒーローを演じているのはこういう普通の人なんだって。でも違うんですよ。アクション練習に入った途端、ゴロゴロっと転がり、受け身を取りながらバッと立ち上がって一点、敵をキッと見つめた瞬間に「あー！もうヒーローだ!!」って思ったんですよ（笑）。「ヒーローになった、この人！」って。

高橋　そう、めっちゃわかる！　全身の神経が何か変わるんですよね。

岡田　そうそう！　首の動かし方、目線……その先に敵がいる！って感じるんですよ。それでめっちゃ感動して。

高橋　縄田さんも浅井さんも日常はすごく穏やかな感じの人なんです。でも、動き出すと、流れてる血液を入れ替えてるんじゃないか？と思うくらい本当に何もかもが違ってくるんですよ。

岡田　僕、最初の1回だけスーツを装着してライダー状態になったことがあるんですけど、マスクはほとんど視界がないし、自分の息が反響してくるくらい息苦しくて、中で泣こうが笑おうが外からはわかりようがないんですけど、浅井さん演じる仮面ライダーからは感情が伝わってくる。最初、テストを見ていたときは「動きがオーバーすぎるんじゃないか」って思ったけど、あれが正解なんです。自分たちとはひとつ次元が違うところで演じているんだなって。

高橋　確かに。

――どのぐらいで変身ポーズというのは板についてくるんですか？

高橋　いやぁ……なかなか（笑）。

岡田　でも、プログライズキーはわりとスムーズに入ってたよね。上手かった。

高橋　そうですね。僕は上手いので有名だったんですよ！（一同笑）　でも、かなり練習で苦労したんです。

岡田　俺はもう、そんなに練習なんて……。

高橋　諦めかけてましたよね。

岡田　そう（笑）。見ないで入れるのが大変だった。

高橋　ジオウのときはゲイツもツクヨミも一緒だったのでコツの教え合いとかできたみたいなんですけど、今回の仮面ライダーってベルトが全員違うから、そこを共有できないんですよね。

岡田　なるほど！

高橋　なので、僕はホント毎日家でやってました。或人の場合はポーズがあるので、けっこう引きのカメラで長く回されることが多いんですよ。だから誤魔化せない。もちろん最初は何度も撮ってもらいましたけ

諫と或人の共演で一番印象に残ってるのは……やっぱり「おしるこ」ですかね。（岡田）

ど、練習しているうちに無意識に身体が動くぐらいの感じまでいきましたよ。

岡田　僕の場合は仮面ライダーと言ったらアレ！というイメージの変身ポーズって最初のバルカンのときにやったくらいで、あとは「パンチ」「パンチ」「回し蹴り」みたいな感じなので、そればっかりやってました。後ろ回し蹴り、難しいんですよ！なので、グルグルグルグル回って練習した。

高橋　ずっとやってましたよね。

岡田　やってた、やってた。

高橋　みんなそれぞれ違うから、現場でやってると面白いですね。諫と唯阿と僕とで「変身！」って言っても動きがバラバラで、僕が手を開き始めてポーズをとってる間、みんなが止まってるんで。

岡田　みんなが待ってる。

高橋　僕、待たせることが多いんですけど、その分いろいろやってるんで(笑)。だから、みんなはいいなぁと思ってましたよ。

岡田　そこが羨ましかったか(笑)。

——実際はそこから合成カットに入るわけですが、現場ではどういう説明がされてたんですか？

岡田　ゼロワンは「大きいバッタがドーンと来ます！」って(笑)。

高橋　初めてのときはイメージをわかっているのは監督だけで、その時点で合成画面も作られてないのでそんな感じでした。みんな「バッタが来る？」みたいな(笑)。で、大きいって言っても手で持てるくらいのバッタを想像してたんですけど……画面を見たら自分の何倍もあるバッタが来て！　CGに関してはとにかく現場で妄想するしかないですよね。

岡田　そう、妄想ですよ！　ランペイジバルカンが特に大変でした。なんか、いろいろ飛んでくるじゃないですか。

高橋　現場には何も飛んで来ないけどね(一同笑)。

キャラクターを支えるための舞台裏

——アクションシーンのアフレコはどんな感じでしたか？　やはり、普段のお芝居とは違いましたか。

岡田　違いますね。まず、スーツアクターさんの呼吸に合わせていくという作業もあるし。僕は浅井さんと1年間やってきましたけど、次の『仮面ライダーセイバー』の撮影が始まってからの終盤は中田裕士さんにバルカンを演じていただいたんです。そしたら全然違うんですよ。

高橋　あー、そうなんだ。

岡田　どっちがいい悪いじゃなくて、特徴が全然違うんです。浅井さんの呼吸でそれまでやってきて、「ここで芝居が入るよね」「ここはこうだな」とか感覚を掴んでいたから、違うもんだなと思いました。あと、違いといえば、普段のアクションだったら「テェイアー!!」とかって声は出ないです。

高橋　出ないですね(笑)。

岡田　そこはやっぱり、ライダー感のある感じの芝居ということで。

高橋　龍太郎くんともよく一緒にアフレコに入ったんですけど、1話と2話はほぼ単独みたいな感じで、そこで本当に苦労したんですよ。僕は、先行して映画(『劇場版 仮面ライダージオウ Over Quartzer』)にゼロワンが登場したときなんて、1分ぐらいの出番で6時間ぐらいやって。

岡田　ヤバいだろ！　それは。

高橋　最初、『仮面ライダージオウ』は観ていたので「ああいう感じかな」みたいな印象で、そんなに難しいとは捉えてなかったんです。それで、いざ現場に行ったら「今からこの動きに対して声を入れてください」って言われて……そしたらもう何をし

たらいいかわからないんですよ！ 10秒を1時間かけて録るみたいな感じです。厳しかったですねぇ（しみじみ）。それで悔しくて、平成ライダーの1話と2話を全部観て……。

岡田 そうなんだ！

高橋 それで勉強して、1話と2話のアフレコに挑んだんですけど……同じぐらい叩かれました。一番参考になったのはソウゴでしたね。『仮面ライダージオウ』は最終回まで全部観てたってこともありますし、『仮面ライダー 令和 ザ・ファースト・ジェネレーション』でご一緒してるのでアフレコも一緒にやったんですけど、「自分と同い年なのにすげーな」って思いながら全部パクりました！（一同笑）。ソウゴと或人はキャラクターの方向性が全然違うんですけど、けっこうおチャラけるときはおチャラけるので盗めるとこだけ盗もうと思って。アクションのときも「ハァ！」でも「フッ！」でもなく「ヘイヤッ！」って言ってたから、「ああ、そういうのもいいんだ」みたいな。

岡田 確かに苦労してるなと思ったのは、或人はアフレコでもヒーロー的なところとちょっとおチャラけたところがあって、そこのバランスね。すごく難しい注文をされてるんだなって思ってましたよ。

高橋 そうなんですよ。僕はカッコよく決めたあともおチャラけないといけないんで（一同笑）。

或人と諫、高橋文哉と岡田龍太郎

——むしろ変身前の或人は、かなりそっち方面のお芝居が多かった気がしますね。

高橋 30話ぐらいまでは監督も「ここは任せるよ」みたいな感じで言ってくださったので、ずっと自由にやらせてもらって。まず思いついたら台本にない動きも自分で付け足して、「抜け」って言われたら抜くという作業でした。で、諫はそれを見て、僕に背を向けて笑ってるという。

——或人のギャグで笑ってしまう唯一の存在でしたからね。

高橋 それ、或人は知らないまま終わるんですよ。

岡田 知らないで終わるんかー！って（一同笑）。諫だけがウケてるってこと、唯阿とイズは……。

高橋 たぶん気付いてる。でも、或人には言わないんですよ。

岡田 いい加減伝えてるかと思ったけどな。

——そういう関係性は飛電製作所に移ってからより近くなりましたよね。不破が押しかけガードマンみたいになって。

高橋 押しかけガードマン（笑）。いいですね、そのネーミング。

岡田 一緒にいる時間が多くなりましたからね。あくまでZAIAをぶっ潰すためにはヒューマギアの近くにいるのが好都合だという理由であって……まあ、ツンデレみたいな感じですけどね。

——撮影期間中、プライベートで一緒に過ごすこともあったんですか？

高橋 ご飯を食べに行ったりとか、中空きの休みのときに僕が龍太郎くんの家にご飯を作りに行ったりとか。

岡田 あったあった！

高橋 一緒に帰ってスーパーに寄って。

岡田 2回ぐらい作ってくれたよな、確か。

高橋 僕の家で作ったときと、龍太郎くんの家で作ったときね。あとは、新年会だったりとか、男子メンバーで集まることが多いですかね。

岡田 今年はコロナ禍で集まれなくなったから数は多くないですけどね。ちょっと現場終わりでラーメンを食べに行ったり、そんなのが多かったです。でも、そういうときも何の話をしてたかっていうと『ゼロワン』の話だよね。

高橋 ですね。

——お二人の共演で一番印象に残っているシーンは？

岡田 諫と或人のやり取りってことで言えば……やっぱり「おしるこ」ですかね。

高橋 21話のおしるこね（笑）。

岡田 裁判のあとで悩んでる或人に諫が声をかけるシーンで、おしることコーヒーを買って後ろ手ノールックでパスをするんですけど、それをもう本当にぴったりナイスキャッチしてくれて……。

高橋 「ヒューマギアは俺の命を脅かしたが俺の命を救った」って回想が入ってね。

岡田 「だったら勉強させて利口なヒューマギアにしていくしかねえだろ。それがおたくらの会社の仕事じゃないのか」ってセリフも覚えてますよ。そのときの2人の芝居が息がぴったり合って、すごく上手くいったんですね。芝居が終わったあともすごく気持ちよくて、撮り終わってから2人で「ここは奇跡のシーンやな」って。で、そのあと、コーヒーをちょっと飲むところがあるんですけど、僕の手が或人の顔に被ってしまってた感じがあったんですよ。で、モニターをチェックするときに「被ってたらすまんな」って言ったら、「いやいや大丈夫です。それを活かして芝居しましたから」って言われて。

高橋 「まあまあ、見てください」って言って。飲んでる間は思いつめた顔で、諫がチラッと目線を変えたときにニッと口角を上げておいたんですよ。

岡田 そんなことしてたんだ!?って。あれは驚いたな。

高橋 一度観た方も意識して観返していただきたいシーンのひとつです（笑）。

岡田 ぜひなんども観返して、新たにいろいろ発見してください！（笑）

鶴嶋乃愛×井桁弘恵

［イズ／アズ役］ ［刃唯阿／仮面ライダーバルキリー役］

社長秘書のヒューマギアと、前線でバリバリ戦う仮面ライダー――。立場も性格もまったく異なるヒロインを演じた2人が、『仮面ライダーゼロワン』の1年を振り返り、お互いへの思いや現場エピソードを語り合う!!

お姉ちゃんと末っ子?

――『ゼロワン』メンバーの中でお二人はどういった関係ですか?

鶴嶋 このメンバーだと私が一番年下なので、弘恵ちゃんはお姉ちゃんで、男性陣はみんなお兄ちゃんといった感じです。

井桁 そうですね。年齢も離れてるし、乃愛ちゃん自身は、生粋の末っ子気質だし(笑)。

鶴嶋 当たってる(笑)。

井桁 撮影ではイズになり切ってるけど、オフになると完全に妹キャラですね。

――現場ではお互いどんなふうに接点を持ちつつ過ごしていた感じですか?

鶴嶋 改めて振り返ってみると、意外と一緒にはいなかったかも。序盤はわりと一緒にいることが多かったけど、途中から別々の撮影が増えてきちゃって。

井桁 唯阿がZAIAに戻っちゃったから。

鶴嶋 そう、もともとイズは或人と行動してるし、唯阿はZAIAがメインで、滅亡迅雷とも絡むようになってきて。ただ、現場は別々でも、入れ違いで弘恵ちゃんを見かけたら、「はああああぁ!(と手を振る)」ってなってましたけど(笑)。

井桁 たまに会うと「ちゃんと食べてる?」ってお姉さんみたいなことを。もう、乃愛ちゃんはホントに好き嫌いが多くて(笑)。

鶴嶋 だから、「野菜食べなさい」とか。

井桁 「カフェオレばかり飲んでちゃダメだよ~」って。だって、すぐヘロヘロになっちゃうんですよ(笑)。

鶴嶋 夏場は暑かったし、イズは衣裳も長袖だったり露出がないので大変なんですよね。だから、それを心配してくれて。

井桁 野菜や水分補給はずっと言ってた気がする(笑)。今は無事に『ゼロワン』の撮影が終わってよかったなって思ってます。

鶴嶋 その気遣いが、まさにお姉さんです!(一同笑)

――初期の頃だと、第2話で事実を隠蔽した諫と唯阿が飛電を訪れる場面で、レギュラー4人が揃っての芝居がありましたが、あの辺りは振り返ってみていかがですか?

鶴嶋 あそこが4人で揃う初めてくらいのシーンでしたね。

井桁 今思うと何気に重要な日でした。

鶴嶋 最初は、役柄の関係性も私たち本人もお互いを探り合ってたと思うけど、一日中セット撮影だったこともあって、あれで4人の関係性が一気に深まりました。

井桁 乃愛ちゃんが「ヒューマギア」を正しいイントネーションで言えなくて(笑)。

鶴嶋 そうそう(笑)。

井桁 私は私でセリフを噛んじゃって、そこから抜け出せなくなるとか(笑)。

鶴嶋 あぁ~、懐かしい。

井桁 そういういろんなハプニングがありつつ、でもピリピリするわけじゃなく、「お互い頑張っていこうね!」って空気を4人で作れたので、「ああ、これなら1年間頑張っていけそうだな」と思えた1日でした。

鶴嶋 そうですよね。

井桁 撮影に向けて気持ちをひとつにしていく、大事なきっかけだったと思います。

――役柄上、或人とイズ、諫と唯阿が、それぞれコンビで描かれている部分がありますが、鶴嶋さんから見た諫と唯阿、井桁さんからみた或人とイズの関係ってどのように感じますか?

鶴嶋 諫と唯阿はかなり不器用だと思うんですよ。お互い言い方はキツイけど、実は思い合ってるみたいな。ああいう関係性がすごくいいなぁって。それこそ、最初は唯阿が女性ながらも蹴りを入れてて驚きましたけど(笑)。

井桁 あそこは初めてのアクションで、もちろん人を蹴るなんて初だし、爆発もあるし、いろんなことが込み込みの一連だったのでめちゃくちゃ緊張したんです。でも、「これが仮面ライダーなんだ」って感じの撮影でもあったので、いいスタートを切れました。

鶴嶋 2人は途中でギクシャクもしたけど、それぞれ自分に向き合いつつ認め合うというか。「好き」というのとはまた違うし、イズと或人とも異なる相方感と言えばいいのかな? ちょっと大人な2人の関係性がカッコいいんですよ。

井桁 或人とイズは応援したくなる間柄ですよね。最初はなんとなく歩調が合ってない感じが面白く描かれてたけど、それがだんだん波長も合ってきて、人間とヒューマギアの差がないくらい心が共鳴し合うようになっていく。そのグラデーションを、現場で見ていても視聴者としてもすごく感じました。

鶴嶋 振り返ると、最初の頃のイズはまっさらな状態で、或人に対しては単に「社長の孫」というだけの認識だったんですよね。

井桁 だから、第1話からの成長具合がすごいんですよ。特に第40話でアークを倒し

撮影◎丸山剛史
取材・構成◎トヨタトモヒサ

誰にも真似できない女性ならではの強さを体現してくれたのが弘恵ちゃんです！（鶴嶋）

たあと、或人とイズがイチャイチャするシーンがあるじゃないですか。

鶴嶋 「許しません！」のところだ。

井桁 そう。その2人を唯阿と諫が見てるんだけど、岡田さんと「えぇ～、これ、どういう気持ちで見るの？」「若いカップルのイチャイチャを微笑ましく見る感じ？」って話してて(笑)。そう思えるほど人間味が感じられて、本当に成長したんだなって。

鶴嶋 イズが変わってきたのは、或人が関わってきた大勢の人間やヒューマギアを間近で見てきたからで、みんなに影響を受けたんだろうなって思いますね。

お互いの役柄の難しさ

——それぞれ年間を通じて変化が描かれていましたが、そういう意味で苦労された部分はありますか？

鶴嶋 私は役自体にはそれほど苦労した覚えがないんですよ。そもそも役柄が人間じゃなくてヒューマギアだし、イズもアズも両極端で自分自身とはまったく違うし、衣裳を着れば自然とスイッチが入るんですよね。だから、イズの声のトーンに関して気を付けてたくらいかな。

井桁 後半、感情が出てくるイズは？

鶴嶋 あぁ、そこは大変でした。まず、映画(『仮面ライダー 令和 ザ・ファースト・ジェネレーション』)で上手く感情が出せなかったんですよ。その後、本編の撮影に戻って、また各監督さんから「感情を出して」って言われるようになったけど、どこまで出していいのかなぁって。遠くに呼びかけるシーンだと声のトーンも変わっちゃうし。そこで自分が今まで作ってきたものをどうやって崩していくかの苦労がありました。

井桁 私はやっぱりZAIAに戻ってからですね。もともと秘書って設定でもないし、唯阿としては「なんでここにいるの？」って(笑)。その唯阿の葛藤がそのまま私にも繋がってて、今振り返ると困惑がダイレクトに表れてよかったのかもしれないけど、当時は「演技ってこうなの？」って悩みました(笑)。

——唯阿はZAIAを辞職したあと、私服になりましたが。

井桁 衣裳さんと「唯阿が私服になるならダサくなるか普通の女子になるか、どっちなんだろう？」って話したんですよ。唯阿は私生活では服装とか無頓着そうだし(笑)、正直、みなさんもダサくなるほうを想像されてたと思うんです。でも、だったら逆に「ちゃんとした女子なんだ」ってところでキャラ付けしてみようかなと思って。それを監督さんに話して同意していただいたんですけど、いざ衣裳さんが持ってきたのがレースとか肩出しで、「あれ、けっこう攻めてるな」って(笑)。

鶴嶋 あの衣裳はドキッとした！

井桁 最初は、ジャケットを着るし唯阿らしさが残るのでいいかなと思ったんだけど、現場に入ったら「じゃあ、ちょっと(ジャケットを)脱いでみる？」って(一同笑)。

鶴嶋 オンエアを観て、「おおお、出していいんだぁ！」って思った(笑)。

井桁 まぁ、その場の勢いで(笑)。あとは、特定の衣裳はないのでその場その場で変えていったらいいんじゃないかなってことで、いろいろ遊ばせてもらいました。ただ、アークが登場して物語が深刻になるにつれて、唯阿も戦う自覚があるので、後半はあまり色味のない衣裳を選んでいて、その辺りの変化も見てもらえればと思います。

鶴嶋 イズの場合は一着のみなので、この話題は話が広がらないかな(笑)。

井桁 えっ、でも衣裳が決まってるのは、それはそれでいいなぁって思うよ。私は今日みたいな取材の場だと、どの衣裳を着ればいいのか迷っちゃって(笑)。

——あぁ、A.I.M.S.なのかZAIAなのか、それとも辞めたあとなのかと。

井桁 そうなんですよ！(笑) だから、衣裳次第で「このときの唯阿なのか」ってなるんです。イズみたいに一貫してたら、衣裳を着た瞬間、キャラを表現できるような気がするけど。

鶴嶋 そう、衣裳を着るからイズになれる、みたいな部分はありますね。

井桁 でも、毎日同じ服を着るのは、それはそれで大変？

鶴嶋 大変ではないけど、或人とかもパーカーが変わるのを見ると、羨ましいなと思う瞬間はありました。

——お互い別々の撮影が多かったとのことですが、オンエアをご覧になって気になることはありますか？

鶴嶋 私、ZAIAの社長室に行ったことがないので、どんな感じなのかなぁって

めっちゃ気になります！

井桁　景色はいいけど何もないところ。ただ、都心にあるので帰るのがラク（笑）。基本、大泉（東映東京撮影所）通いだけど、ZA－Aの社長室で終わりになると帰りにちょっと買い物していこうかな、って（笑）。

鶴嶋　いいなぁ。私は結局行く機会がなくて、同じ世界にはいるのに未知の領域です（笑）。

井桁　それを言ったら、私は或人が飛電インテリジェンスを辞める辺りの……。

鶴嶋　ん、製作所？

井桁　じゃなくて、イズが新会社設立を宣言した場所。

鶴嶋　あ～、ナパームをやった崖のところ。

井桁　そうそう。爆発が晴れるとゼロワンとイズが立っていて。あそこ、仮面ライダーやスーパー戦隊でもお馴染みのロケ地だけど、私は行く機会がないまま終わってしまって。

鶴嶋　あの場所でナパームを初めてやらせていただきました。すごかったよ、爆風が。

井桁　観た観た！　壮絶だなって思った。現場にいなかったからどんな場所かはわからないけど。

鶴嶋　私も撮影で初めて行ったけど、ここどこ？みたいな（笑）。周囲は見渡す限りの岩場で、爆発がある前提でああいう場所で撮影したんですよね。話が変わるけど、或人が「データが出た」ってギャグを言うのもここですよね。あれ、好きなんですよ。あんな深刻な場面でもギャグを言ってて、ロケ先でもつい笑っちゃいました。

難しい役に一生懸命取り組んでいて、イズ役は乃愛ちゃん以外には考えられない！（井桁）

井桁　或人ギャグは、直接現場で見たのを好きになりますね。

鶴嶋　私はずっと見てたけど、「データが出た」は私の好きな或人のギャグランキングでもかなりの上位に入ります（一同笑）。

井桁　私は他でも話したことがあるけど、宇宙野郎回（第14話）の「宇宙は広い、スペースが広い」（笑）。現場には岡田さんたちもいたけど、ちょうど文哉くんがギャグを言うカットは確か私しか見てなかったんですよ。文哉くん、とにかくテストから張り切ってたら、張り切り過ぎて自分で言うはずだったギャグを忘れて飛ばしてしまって（笑）。ギャグ自体は意味がわからないし無理矢理だけど、それよりもそこまで役にのめり込むくらい一生懸命やってるんだって。そういう印象も込みで好きなんですよね。

鶴嶋　そう、第1話の頃とか、杉原（輝昭）監督から「（自分を）捨てろ！」ってすごく言われてて。それをずっと側で見ていたので、途中からは「振り切り具合がすごい！」って思うようになりました。

――今、高橋さんのエピソードが出ましたが、岡田さんについては何か？

井桁　真っ先に思い出すのがランペイジバルカンの回し蹴り変身（笑）。

鶴嶋　すごく練習してましたよね。

井桁　しかも自分で考えたらしくて、台本をもらった時点からずっと練習してたのに、初変身の回は監督に「やらなくて大丈夫」って言われて歩きながらの変身で、「あんなに練習してたのに、全然やってないじゃん!」って(笑)。

鶴嶋　私、岡田さんに「ちょっと動画撮って!」って言われて、スマホで確認動画を何度も撮りましたよ(笑)。

井桁　たぶん、みんなが付き合わされたはず(笑)。でも、最初こそできなかったけど、その後の回でやってるんですよね。

鶴嶋　まさに努力の賜物!

井桁　そう、岡田さんの意地と熱意で実現したんですよ。それはホントにすごいと思いますね。

人間とヒューマギア

——第42話でイズが爆散したあと、落ち込む或人に唯阿が近付こうとして諫が唯阿を制止する場面がありましたが、あの辺りは演じる上でいかがでしたか?

井桁　あそこ、最初は逆なのかなと思ったんですよ。

鶴嶋　諫が行くのを唯阿が止める?

井桁　そう。それまでも諫のほうが或人に熱い気持ちをぶつけてたじゃないですか。だけど台本を読んで思ったのが、唯阿も気付かないうちに或人に対して情が芽生えていたんだなって。それで、声をかけるとか、とりあえず肩に手を置くとか、何ができるかわからないけど、とにかくその場で見ているだけの自分が不甲斐なくて、気持ちで足が前に出ちゃったんじゃないかなって。

——鶴嶋さん自身は、第42話で役柄がある意味途切れてしまったわけですが、そうやってイズがいないまま物語が進んでいくことに対してどう思われましたか?

鶴嶋　積み上げてきたものがパーンと砕けてしまったから切ない気持ちもあるけど、アズを演じる期間があったからこそ、最後でラーニングされてない状態のイズを感情移入し過ぎず演じることができたと思います。1年間演じてきたから、ラストで或人から「アルトじゃないと」を教わる場面はどうしても微笑ましく思ってしまうけど、杉原監督からも「まっさらな状態で」って言われてたんですよね。

井桁　しかし、アズには驚きましたね。

鶴嶋　アズは心を鬼にして、悪くしようと思って演じてたし、監督からも「悪い女だなー」って言われて。ホント悪魔ですよね(笑)。あんなにも落ち込んでる或人の心の隙に付け込むなんて、めちゃくちゃひどいじゃないですか。

井桁　アズの存在は、視聴者の方と一緒で自粛期間中にオンエアを観て「あれ、イズに似ているけど、これ誰?」って感じで知ったんですよ。正直受け入れられなくて、「何これ、イヤだ、怖い!」って思いました。実は、今もアズを受け入れられない自分がいますね……。しかも乃愛ちゃんがどちらも演じてるから、余計に二面性が怖くなっちゃって。

——その話は現場で鶴嶋さんとも?

井桁　いえ、してません(笑)。

鶴嶋　いや、あれは受け入れられないですよ。私が視聴者だったらムリ!(一同笑)

井桁　もちろん演技だとわかってるけど、ついついどっちが本物の乃愛ちゃんなの!?って。私は1年間、イズ=乃愛ちゃんとして見てきたはずなのに、なんでこんなひどいことするのって悲しくなってきちゃって……。ネットを検索すると、アズが好きって人がいるのは知ってるんですけど。

鶴嶋　好きな人がいるのは、それはそれで演じ手としては嬉しいんですよ。

井桁　私としては、ウソだろ!って(笑)。

鶴嶋　それもすっごいわかります。

井桁　両方を見事にこなしているのが乃愛ちゃんの実力だと頭では理解しつつも、私はどうしてもウダウダしちゃって。まぁ、これを機に言っちゃいました!

鶴嶋　じゃあ、今度はアズと共演を。

井桁　イヤだよ!(一同笑)

——作品が完結し役柄を演じ終えた今、お互いを意識しつつ改めて思われることはなんでしょうか?

井桁　私が演じた唯阿は変身して仮面ライダーとして戦う役、乃愛ちゃんが演じたイズは或人社長のバックアップが役目で、しかもお互い人間とヒューマギアでまったく違う立ち位置だったけど、だからこそたくさんの刺激をもらうことができました。

鶴嶋　聞いた話だと仮面ライダーは女性のメインキャストが1人だったりすることもあるらしいんですね。私は『ゼロワン』が初めてのお芝居で、これが男性陣ばかりだったらまた違ってたと思うので、そこで弘恵ちゃんがいてくれてすごく安心できた面もあるんです。しかも弘恵ちゃんは変身もするし、何なら素面でもアクションをバンバンやってて、それを間近で見て、私には到底できないけど(笑)、いつかああなれたらいいなって憧れみたいな気持ちを抱いてました。

井桁　いや、私こそ、イズは1話の段階からキャラクターを確立させていなくちゃいけない難しい役柄で、それを貫き通す乃愛ちゃんの気力や根性がすごいなと思ってたから。そんな難しい役にこんなに若くてお芝居も初挑戦の乃愛ちゃんが一生懸命取り組んでいて、今となってはイズ役は乃愛ちゃん以外には考えられない!

鶴嶋　弘恵ちゃんは、『ゼロワン』では唯一女性の仮面ライダーですからね。しかも、レギュラーで活躍する女性ライダーは初めてだし、女性のカッコよさの象徴みたいに思ってます。

井桁　確かに撮影に入ったとき、「女性ならではのカッコよさを出してほしい」って、監督をはじめスタッフさんから言われていて。今も「できたのかな?」って気持ちがあるけど、乃愛ちゃんからそう言ってもらえて嬉しいです。

鶴嶋　いやー、あれは男性には絶対できないですよね。誰にも真似できない女性ならではの強さを体現してくれたのが弘恵ちゃんです!

井桁　ありがとう!!

高橋文哉×岡田龍太郎×井桁弘恵×桜木那智

［飛電或人／仮面ライダーゼロワン役］［不破 諫／仮面ライダーバルカン役］［刃 唯阿／仮面ライダーバルキリー役］［天津 垓／仮面ライダーサウザー役］

人類とヒューマギアの共存と対立を巡る物語ということで、『仮面ライダーゼロワン』のメインキャストを人類チームとヒューマギアチームに分けて行うスペシャル座談会。
その第1陣として、人間チームが各々の関係性や現場エピソードを人間味たっぷりに語り合う！

撮影◎丸山剛史
取材・構成◎トヨタトモヒサ

共演者から感じる人間味

――人類側の座談会ということで、まずは「この人の人間味を感じた」という現場エピソードをうかがいたいのですが。

岡田 お、そう来ますか！ 俺はあれだね、43話のときにこの3人(岡田、井桁、桜木)で同時変身したんですけど……。

桜木 あぁ……(笑)。

岡田 テストでタイミングを決めて、「本番、よーい！」となったときに、横(桜木)からボソッと「ありがとう」って聞こえてきて。一瞬、「何や？」と思って、あとで聞いたら「ラスト変身だから1年の感謝の気持ちを込めた」と(笑)。

高橋 めっちゃいい話！

井桁 いや、まだ続きがある(笑)。

岡田 それで決まったらいい話じゃないですか。でも那智くん、本番で7回くらい失敗して！

井桁 私たち、けっこう決まってたのに！(笑)

桜木 いや、いくらなんでも7回は盛り過ぎでしょ(笑)。

井桁 でも、かなりNG出してたよね。

桜木 3回くらいだよ。

高橋 3と7はだいぶ違う(笑)。

井桁 じゃあ、間を取って5回？

ゼロワンはフォームが多くて一番は選べないけど、アークワンの「最強！」って感じが好きなんですよ。(高橋)

桜木 じゃあ、それくらいで(笑)。

井桁 あとで言えばよかったのに。

桜木 いやぁ、感極まり過ぎて。

井桁 それで思わず「ありがとう」って声が出ちゃったの？

桜木 そうそう。

岡田 で、俺に聞かれて今もこうしてイジられるわけね(一同笑)。

桜木 文哉くんは全キャストの中で一番しっかりしてるよね。

高橋 いやいや(笑)。

桜木 だからこそ、みんなが付いて行きたくなると思うんですよ。年下だけど尊敬できるし、高橋文哉という人間が好きですね。

岡田 めっちゃ上げるやん！

井桁 私はイズが死んだあとの文哉くんかな。現場でいつもニコニコ溌剌とした文哉くんばかり見てたけど、闇落ち回はすごく悩んでたし、グッと集中してて、そういう一面もあるんだなって。

岡田 文哉くんは常に全体を見渡していて、逆に自分を抑えてるんじゃないかと俺は思ってた。

井桁 だから、そういう姿を見られてなんか嬉しかった(笑)。

高橋 実際、悩んでましたね。

井桁 でも、お芝居はこっちがゾッとするくらいで、役者・高橋文哉のすごさも感じました。

高橋 ありがとうございます！

――岡田さんについては？

バルカンで一番好きなフォームはやっぱりランペイジかな。諫の成長も見せられたし。(岡田)

井桁 一番人間味がある。

桜木 そうですね。

井桁 もう、本能の赴くままに。

高橋 行きたいほうに行くし。

井桁 食べたいときに食べるし。

岡田 間違いない(笑)。

井桁 素直で真っ直ぐで、そこは諫にも通じるところがありますね。

岡田 自分でもそう思う(笑)。

桜木 あと、落ち込むことがないように見えてうらやましい。前日の撮影ですごく苦戦してても翌日はスッと現場に入ってますからね。

井桁 確かに！

桜木 ね。メンタル強いなあって(笑)。

高橋 確かに、岡田さんはメンタル強いっすよね～。

井桁 さらに演じる上で、「こうしたい」とか「ここは違うと思います」って、自分の意見を一番伝えられる人です。

岡田 ゴリ押し(笑)。

井桁 しかも、それを最終的に自分のものにしてしまう。

岡田 いや、それは一緒に作品作りに関わりたいというか、作品があり、台本があり、役者が入るのは最後だから、自分から積極的に関わっていきたいんですよね。

高橋 そこはホントにすごい！

桜木 弘恵ちゃんはとにかくピュアだよね。

井桁 え、何も出ませんよ？(笑)

岡田 感情が出やすいタイプ。いつも笑って和ませてくれる。

高橋 僕は一番お芝居の相談をしたのが井桁さん。いろいろ教えてくれました(笑)。特にイズが壊される前後は助けてもらいました。

岡田 そうなの？

高橋 僕は疲れるとすぐ顔に出ちゃうけど(笑)、井桁さんっていつも明るいじゃないですか。そういう部分でも話を聞いてもらいやすかったし、本当にありがとうございました！

井桁 そんなそんな。落ちてるときは気分を上げてあげられたらいいなとは思ってたけど、実際できてたかどうか……。でも、そういうふうに思ってもらえてよかった。

岡田 ちゃんと、めちゃくちゃいい話やん！(一同笑)

新たな共演者を迎え入れて

――桜木さんは途中からガッツリ絡むわけですが、入っていく側、受け入れる側、それぞれいかがでしたか？

井桁 那智くんと最初に絡んでたのは私だけど、3話の時点では先の展開はまったくわかってなくて。

桜木 そうね。垓のキャラもまだ定まってなかったし。

岡田 キャラクターは、テレビで「お、こんな感じなのか」と思って観てはいたけど。

井桁 3話辺りだと、文哉くんや岡田さんとちょうど仲良くなりかけてきた頃で。

高橋 それくらいの頃ですよね。

井桁 那智くんとは短い撮影だし、現場でも全然しゃべってなくて、年下ってことも知らず、ずっと年上だとばかり思ってました(笑)。

桜木 今振り返ってみると、ちょっとよそよそしい感じがした(笑)。

井桁 その後、本格的にレギュラーとして絡むとき、受け入れ態勢を作ってくれたのは文哉くん。

桜木 ウェルカムな雰囲気がありがたかったですね。

井桁 それでみんな仲良くなれたし、実は年下なのも知ったし(笑)。

桜木 すでに出来上がってる輪によくわからないヤツが入るわけじゃない。よく受け入れてもらえたなって。それはスタッフさんも含めてみんなそうだけど、すごくホッとしたというか。そこで「一緒にいいものを作っていこう」って、ひとつスイッチが入ったところがありましたね。

高橋 中澤（祥次郎）組の第16話からだよね。

桜木 そう、みんなのパイロットが杉原（輝昭）さんだとすると、僕の実質的なパイロットは中澤さんなんですよ。

高橋 『プロジェクト・サウザー』も中澤さんだよね。

桜木 そう。だから垓の大事な回はわりと中澤さんで。「1000％」の恩恵も大きかったけど（笑）、垓のキャラ付けは中澤さんのおかげですね。

岡田 俺はお互い関西弁同士で仲間意識が芽生えたというか（笑）、それまでキャストでは俺1人だけ関西弁でしゃべってたから。

桜木 特にしゃべったのが、お仕事5番勝負の住宅販売の回。

井桁 どこで？

岡田 20話の山小屋の場面。

桜木 大工ヒューマギア役の長江英和さんがめちゃくちゃフレンドリーな方で、撮影の合間に「長江さんって面白くないですか？」って2人で盛り上がって。

岡田 そう、あれで距離が縮まったね。

高橋 えっ、そこ？

井桁 けっこう遅くない？

岡田 それまで一緒に芝居する機会がなかったからね。でも、そこで飾らない人柄がいいなと思えて。話しやすいし、新メンバーって感じもなく、楽しくやれるようになりました。

——垓の登場で人間模様にも変化が現れましたが、その辺で苦労されたことはありましたか？

井桁 唯阿と垓は関係性が謎だったけど、チップで操られていた事実は知らないままでいたかったかも（笑）。ショットライザーで変身するためのチップは理解できるけど、垓に服従するための機能はお芝居をするたびに「これはチップなの？ 感情なの？」って迷ってしまって（苦笑）。

岡田 ずっと「気になる、気になる」言ってたよね。それである日、監督に呼ばれて、俺（諫）の秘密も含めて先に知っちゃって（笑）。

井桁 いや、何か繋がりがあるのかと思ったんですよ。垓は45歳だから、娘なんじゃないかとか。

高橋 あぁ、話してましたねぇ。

桜木 あった、その噂（笑）。

井桁 そしたら、まさかのチップで！ それを知ったら逆にお芝居が難しくなっちゃって。

高橋 めっちゃ悩んでた。

岡田 俺は知らないままだったけど、最初は得意そうに「聞いちゃった！」って（笑）。で、聞いたら聞いたで、今度は余計な葛藤が生まれたという。

井桁 いやぁ、聞かないほうがよかったなぁ、あれは！（一同笑）

桜木 僕はみんなと絡むようになってから、説明セリフがめちゃくちゃ増えて。用語も難しいし、「ＴＯＢって何？」とか（笑）。もともと長ゼリフを覚えるのは苦手だったし、とにかくセリフの量には苦労しました。

高橋 僕はこのメンバーとのお芝居で苦労した覚えはないんですよ。ただ、同じライダーとして全員とダブル変身したかったなぁって。

岡田 俺とは何度もやったけどね。

高橋 だけど、井桁さんと那智くんとは機会がなくて。ゼロワンとサウザーで変身後に並んだことはあったけど。質問の答えとはズレちゃうけど、このメンバーの座談会だし、せっかくなのでそこは話しておきたいなって。

岡田 俺は、苦労したのはアサルトウルフの辺り。垓が仕込んだチップの話も出てくるし、あの頃は睡眠時間も削るくらい自分を追い込んで撮影してた部分もあって。それこそ点滴を引きちぎって行くみたいな感じで、何か役とリンクして感じがありましたね。ただ、寝ないと肌荒れするから、それでちゃんと睡眠取らないとダメだなと思った（笑）。

——それぞれ自分が変身するライダーへの思いもあるかと思いますがいかがですか？

高橋 そりゃ、みんな自分が一番カッコいいと思ってるはず（笑）。

桜木 もちろんそうでしょ（笑）。

——今回はいわゆる「全部乗せ」がゼロワンじゃなくバルカンでしたが、羨ましく思ったりは？

高橋 いや、それは別にまったくないですよ！（笑）

岡田 確かにこれまでの平成ライダーでは主役ライダーが全部乗せだったけど、そこは令和になって、作り手の皆さんも新しいライダーを模索してたんじゃないですかね。

高橋 うん、それはあると思う。

岡田 『ゼロワン』はメインキャラクターが飛電、A.I.M.S.、ZAIA、滅亡迅雷.netに分かれていて、お互いのストーリーが絡みあって話が進んでいく感じでしたからね。そもそも1号、2号って位置付けでもないと思うんです。

高橋 むしろ、ゼロワンはフォームが多くて、どれが一番とか選べないくらい。まぁ、フォームで言うと那智くんは一個しかないけど（笑）。

岡田 でも、同時にふたつのキーを使えるやん！

井桁 あれはインパクトあった。

岡田 めちゃくちゃカッコいい。あれで全部持って行かれたよ（笑）。

桜木 サウザンドジャッカーで全部の能力を使えるから、全部乗せといってもおかしくない！（一同笑）。

井桁 私は他と違って女性らしさをアピールしておきたいですね。身体のラインもそうだし、戦い方もスマートな感じが好きです。特にライトニングホーネットの跳ねた感じがお気に入りです。

高橋 キラキラしてますよね。

井桁 そう、妖精みたいでカワイイ要素も入ってて。そこはバルキリーだからこその表現かなって。

高橋 ゼロワンは……ちょっと考える時間をください（笑）。

——岡田さんはバルカンだと何がいいんですか？

岡田 何だろう、やっぱりランペイジかな。諫の成長も見せられたし。現場ではわりとアサルトのファンが多いような気がするけど。オルトロスバルカンも胸アツだったけど、ボロボロにされちゃうから（笑）。

高橋 僕はちょっと考えた結果、ゼロツーとアークワンかな。

サウザンドジャッカーで全部の能力を使えるから、サウザーは全部乗せといってもおかしくない！（桜木）

バルキリーの魅力は女性らしさ。特にライトニングホーネットの跳ねた感じがお気に入りです。（井桁）

岡田　お、どっちもワルを経験したフォームだ。
高橋　ずっとメタルクラスタホッパーが好きだったんですけど……って、やっぱ選べないなぁ。
岡田　いや、そうだよねぇ。
高橋　でもアークワンは思い入れがめちゃくちゃあるし、いい意味で或人らしくない戦い方で、あの「最強！」って感じが好きなんですよ。特に初登場回（第42話）。
岡田　いるだけで威圧感あるよね。
高橋　変身ポーズもそれまでとはまったく変えてるし、そういう意味でも何か感慨深いものがありますね。

みんながいたから頑張れた現場

――劇中、様々なヒューマギアが登場しましたが、欲しいヒューマギアってありますか？
岡田　あります、あります！
高橋　めちゃくちゃ欲しい。
井桁　私、ご飯を作ってくれるヒューマギアが欲しい（笑）。
高橋　一貫ニギロー？
井桁　お寿司ばかりはイヤ（笑）。ちゃんと、その日の体調を踏まえてメニューを考えてくれるヒューマギアがいたらなぁ。
岡田　僕は家事全般。
桜木　それ、同じじゃないですか？
岡田　いや、他にも掃除とか洗濯とか。

高橋　家政婦ヒューマギア？
岡田　あとは秘書的なこともして欲しいし、寝てるときに起こしてくれたり、「そろそろお風呂沸きましたよー」って教えてくれたり。
高橋　ほぼ介護ヒューマギア（笑）。
桜木　性格出てるなぁ。
岡田　ダメなのか！（一同笑）。
桜木　自分はまったく同じ顔のヒューマギアが欲しい。
高橋　うわぁ、めっちゃわかる。
桜木　しかもスペックが僕より1000％増しで。
高橋　え、それはマズくない？
岡田　絶対悩むパターンでしょ？
桜木　何なら仕事もしてもらって、空いた時間で別のことするから。
岡田　それだと、10年後とかめちゃくちゃギャップが生まれるやん。
高橋　1000％増しで評価されてるからねぇ。
桜木　あ、そうか。
井桁　自分の価値は？
岡田　諦めるってこと？
高橋　もう、リタイア？
井桁　まだまだこれからなのに、この仕事、早々に辞めたいの？
桜木　いや、そうじゃなくて！（一同笑）自粛期間中に普段できないことをしていろいろ思ったの。もっと見聞を広めたいし、1000％増しのヒューマギアなら得られるものも大きいだろうし、そうやって役に活かせたらいいなぁと。
岡田　そういうことか。
高橋　僕はですねぇ、イズかな。イズの魅力は僕が日本で一番知ってるので。それこそスケジュール管理は本職だし、寂しいときは話しかけてくれるし、何ならギャグもやってくれるだろうし。
岡田　文哉くんがギャグやるの？
高橋　いや、それは或人の場合。僕だったら一緒にゲームするとか。
井桁　あ～、しゃべり相手。
高橋　それもあるけど、たとえば洗濯なら「します」「してください」「しましょう」じゃなく「してください」と言えるのがイズ。命令じゃなく、それが自分の使命として言えるところが好き。だから、ちょっとママらしさがあるというか、全介護でダメになり過ぎないところがいい（笑）。
岡田　えっ、そこで俺にダメ出し？（一同笑）

――劇中では或人とイズ、諌と唯阿、垓とさうざーとそれぞれコンビが存在しますが、『ゼロワン』関係者で誰かコンビの相手を挙げるとしたらいかがですか？
高橋　僕は何と言ってもメイン監督の杉原さん。すべてを話せるし、かつ尊敬もできるし、飛電或人を作ってくれた人ですからね。
岡田　視聴者かな。ファンの方からコメントをいただくんだけど、それが気分転換になるというか、1年を通じてすごく助けられましたね。
桜木　いいこと言うなぁ。
井桁　現場だとメイクさんの存在がすごく大きかったです。
岡田　よくしゃべってたもんな。
井桁　特に感情的なシーンの撮影前だと周囲がいろいろ気になったりするけど、そんなとき、メイクさんがさりげなく雰囲気を作ってくださって、あれはありがたかったです。
岡田　常にメイクさんと一緒だったイメージがあるよね。
井桁　それこそ、垓を殴るシーンはすごい不安とプレッシャーだったけど、集中できるような空気を作っていただけて。1年間同じ方が担当で本当によかったです。
桜木 自分はレギュラーキャスト。
岡田 いいこと言うなぁ。
桜木 みんながいるから頑張れたし、みんながいるから現場に行きたかったし。こんなにも楽しいと思えた現場は初めてです。もちろん大変なことも多々あったけど、何より途中参加なのに温かく迎え入れてもらえたのが嬉しくて。本当にみんながいてくれたからこその『ゼロワン』だと思います。

その後の『ゼロワン』?

――冬の劇場版(※編注:取材時は撮影前でキャスト陣は台本を未読)もありますが、最終回でそれぞれの道を歩み出した各々が再会するとしたら、どんなイメージを持たれますか?
井桁 そもそも私たち、会わないほうがいいんじゃない?
高橋 えっ!?
岡田 どうして?
井桁 だって、私は対人工知能特務機関だし、或人はヒューマギアを生産する側だから。
岡田 あぁ、『ゼロワン』の世界線を重視するとそうなるか。
高橋 或人のことを嫌いなのかと思った(笑)。
井桁 私たちが会うとしたら、何かよくないことが起きたときだから……。
高橋 だったら一緒にいなくてもお互いの動向は把握してるとか?
井桁 そういう感じ。私は会わずともみんなを思っていたいです。
――素敵ですね。ただ、テレビの最終回ラストによくないことが起こる予感しかない描写があったし、それだと話が劇場版に繋がりません!(一同笑)
岡田 諫は再びA.I.M.S.に入隊することはないかな。「街の仮面ライダー」として1人でも活動できるから。でも、唯阿とは距離感を保ちつつもお互いを意識するような関係であってほしいね。
井桁 私も諫とはそんな感じになりそうな気がする。
岡田 或人に対してもそうだけど、みんなと切れてほしくないよね。
高橋 ここと ここ(或人と不破)は間違いなく繋がってると思う。
岡田 でも、それなら俺はちょっと謝ってほしいな(笑)。
高橋 え、或人に?
岡田 だって、44話でせっかく止めようと思ったのにボコボコにされたじゃん!
高橋 そこツッコむの?(笑)
岡田 諫のセリフとして「お前、あのときな~」って言ってやりたい(笑)。
桜木 でも一応、最終回でモニターを見て、経過は把握してたはずだけど。
井桁 一応セーフ(笑)。
岡田 でも、俺たちは最後までハラハラさせられたわけですよ。悪意を取り除く決意ができてるなら、ちょっと言ってよ!って(笑)。
高橋 アハハ。でも、たぶん一番最初に連絡してると思いますよ、エンドロールの直後くらいに(笑)。それは唯阿や亡に対しても。或人はそういう人間だと思うから。
井桁 或人ならするよね。
桜木 亡はとにかく頑張ってみんなの信頼を取り戻してほしい。
岡田 信頼は大事だね。
井桁 いつの日かA.I.M.S.が必要ないくらい安心して人間とヒューマギアが一緒に暮らせる世界になれば、みんなとも別の形で会えるだろうし、亡とも再び一緒に仕事できるのかなぁとは思います。
桜木 亡にはみんなに愛されてほしいです。亡自身に愛はあるけど、これまで愛を受け入れられてなかったからああなっちゃったと思うし、正確に言うと「愛情を受けられる人になってほしい」ですかね。
高橋 或人は、確かにA.I.M.S.と深く交わるのはよくないかもしれないけど、だからと言って連絡を絶つような人間だとは思わないんですよ。むしろ、「そろそろみんなでご飯食べに行こうよ」って、あちこちに連絡するけど断られまくるとか(笑)。それが或人らしいかなって。
井桁 それならイメージできる!
高橋 で、不破さんだけ会いに来てくれるの(笑)。
岡田 諫なら行くだろうね。
高橋 あとは、みんなにアイちゃんを送り付けるとか(笑)。
桜木 やりそうだなぁ。
高橋 もし、10年後とかに同窓会をやるなら、仕切り役は間違いなく或人だと思うね。
岡田・井桁・桜木 適任!
高橋 作品は終わっても、ゼロワンの世界の中でそんなふうにみんなの関係性が続けばいいなと思います。

Plume Calin

Plume

高橋文哉×砂川脩弥×中川大輔

［飛電或人／仮面ライダーゼロワン役］［滅／仮面ライダー滅役］［迅／仮面ライダー迅役］

人間とヒューマギアの共存を願う或人と、人類滅亡の野望を貫く滅。そんな相容れない価値観をぶつけ合う2人の狭間で、子供から大人へ成長を遂げ己の道を進む迅。クライマックスを激しく盛り上げた3名が、ここに『仮面ライダーゼロワン』の1年を大総括!!

撮影◎丸山剛史
取材・構成◎トヨタトモヒサ

敵と味方でそれぞれの印象

――滅亡迅雷のお二人から見た高橋さんの印象は？

中川　2人で話すのは、文哉くんが19歳とは思えないくらいしっかりしてるよねってことですね。

砂川　そうそう、最近も話したよね。

中川　もう、怖いくらいしっかりして(笑)。

高橋　えぇ～、怖いですか？(笑)

砂川　末恐ろしいよ。

高橋　でも、一番褒めてくれるのがこの2人なのは確かで、それは素直に嬉しいです。

砂川　いや、今の俺の年齢になったらどうなるんだろうね。

中川　っていう話をしょっちゅう(笑)。

砂川　何なら、今25歳の自分よりしっかりしてるし(笑)。

中川　**全人類の19歳で一番だと思うくらいしっかりしてる。**

高橋　ありがとうございます！　それはぜひ太字で書いておいてください!!(一同笑)

――そんな3人の共演ですが、振り返ってみていかがですか？

高橋　最初は6話の迅の初変身だったかな。あの頃は……僕のほうが怖かったです(笑)。入った当初、僕はまだ18歳で、男性陣がバッと集められたとき、一番近かったのが(中川)大輔くんで……それでも3歳差で、脩弥くんに至っては7個違い(笑)。

砂川　文哉くんは俺の弟と同い年だからね。

高橋　今は笑い話だけど、周囲は大人ばかりで、最初の頃はお芝居以外ではちょっと縮こまってる時期がありました(笑)。でも、今はもう素で接しても、脩弥くんにも大輔くんにも普通に受け入れてもらえるし。

砂川　逆に、芝居では終盤までまったくと言っていいほど接点がなかったけど(笑)。

中川　迅の場合、最初こそ敵対してたけど、復活後は文哉くんと絡む機会が多くなって。

高橋　ですね。滅とは最終2話で戦うまで、ガッツリ1対1で絡む機会がなかったんですよ。

砂川　最初の頃だと、11話の屋上の場面でちょっとだけ一緒の芝居をやったけど。

高橋　役柄的に言えば、滅は或人をあまり相手にしてくれない感じ(笑)。

砂川　あぁ、そういうことだね。「眼中にない」と言ったらヘンだけど、滅は人類滅亡を目標に掲げて動いてるから、或人だけを意識してるわけじゃなかったんだよね。

――滅は一度敗北しA.I.M.S.に拘束されていて、第21話で或人とイズが接見に訪れる場面がありましたよね。

高橋　あれは「脩弥くんの日」って感じの撮影でしたね。台本を読んだ時点から、これは大変そうだなと思ってました。

砂川　滅が唱える「人類滅亡」は人間によってラーニングされたという、とても重要なことを言う場面だった。

高橋　しかも、杉原(輝昭)監督がまた高みを目指す人じゃないですか。だから、現場に行ったら脩弥くんが監督から「もっともっと」って演技指導されてて。

砂川　想像より何倍も求められました。

高橋　あそこで滅が大きくやればやるほど或人は引けるので、僕としては相乗効果ですごくやりやすかったです。

終盤に向けての感情の変遷

――迅は復活後にガラッとキャラが変わりましたが、演じる上で役柄の切り替えはいかがでしたか？

中川　復活した最初の頃は、芝居が全然できなくて苦労しました。

高橋　25話のスーツ姿で現れる場面？

中川　そうそう。

砂川　しばらく現場にいなかったしね。

高橋　復活自体は決まっていて、退場前に「絶対また来るから」って聞いてたけど。

中川　3ヶ月くらいただの大学生に戻ってた(笑)。で、その間にみんながバチバチやっていて、いきなり戻ってくるという。

高橋　3ヶ月も空いたら同じキャラでも難しいけど、迅の場合はまったく違う方向性になってたから余計大変だったろうね。

中川　だから、25話は俺のせいで撮影に時間がかかってしまって(苦笑)。

砂川　ダムでロケした回でしょ。自分の出番は終わってたからあとで話を聞いたけど、芝居自体はそんな感じはしなかったけどな。

中川　ただ、よく見るとデイシーンのはずが途中から暗くなってるという(笑)。

砂川　あぁ、そこね！

中川　なんなら不破諫は昼から夜までずっと地べたで寝てる、みたいになってて(笑)。

高橋　完パケはだいたいみんなで一緒に観るんだけど、そこが一番笑いましたね。

砂川　どんだけ立てないんだよ！(笑)

中川　すみません、俺のせいです(一同笑)。

――砂川さんとしては、復活してキャラが変わった迅との共演はいかがでしたか？

砂川　25話のラストなんて変化しか感じま

或人と滅の最終バトルの撮影は、僕にとって『ゼロワン』史上最も濃密な2日間でした。（高橋）

せんでしたね。いつも滅のあとを付いて回ってた迅が対等な立ち位置になって。

中川 親離れ的な。

砂川 同じ目線で会話するのが滅的には衝撃だったと思うし、27話のラストも中川くんやカミホリさん（上堀内佳寿也監督）とそういう部分を話し合って撮りましたね。

中川 垓から取り返したスコーピオンキーを渡して去るのは、僕も印象的でした。

高橋 あそこ、よかったですよね。

砂川 常に「滅」と呼ぶ迅の変わりようには、役としても自分としても戸惑う感じがありました。

——とはいえ、迅は滅と決別したわけでもなく、第30話では「ゼロワンと友達になったつもりはないよ」って言ったりしてましたよね。

砂川 あれはちょっとカワイイでしょ。

高橋 ずっと見守ってたんか！って（笑）。

砂川 そうそう。

高橋 滅と迅の背景が見えますよね。

中川 気にしてくれてたんだって。

砂川 今まで育ててきたヒューマギアが、どうやって自分の道を歩んでいるのか気になってたんでしょうね。

中川 僕は完全に滅を越えちゃった認識で演じました。機体も新型に変わったし、考え方も一段上を行ってるので、それまで父親だったのが一気に下に見えてしまう感じ。

砂川 なんか、それはそれで寂しいな（笑）。

中川 僕もちょっと寂しかった。子供が大人になって「お父さん、年取ったなぁ……」みたいな。

砂川 あぁ、身長を抜いちゃったような？

中川 それそれ！

——終盤にかけては徐々に滅の感情的な面が描かれていきましたね。第34話でミドリを殴るシーンはいかがでしたか？

砂川 あのシーンは塩梅が難しかったですね。あまりやり過ぎると感情が前面に出てしまうし。

高橋 滅の場合、100%じゃダメですよね。

砂川 そうそうそう、そうなのよ。

高橋 或人なら120%でも全然いけるけど。

砂川 だからけっこう悩んだけど、オンエアを観たら視聴者のみなさんがわりと滅の動揺してる感じを受け取ってくださっていて。自分としては嬉しかったです。

中川 滅は普段が「静」のキャラだけに、ちょっとした感情が伝わると俄然魅力が増す感じがありますよね。

——ミドリの説得は通じず、滅は結局破壊してしまうわけですが。

高橋 滅を信じ始めていた或人としては、いきなりハシゴを外された気分（一同笑）。イズもそうだし或人もそうだけど、滅を救いたいと思ってたのにあと一歩のところでゼロにされてしまうという（笑）。今思うと、あそこから最終回に至るバトルが始まってたのかなと。34話でミドリが破壊され43話ではイズを失い、悪意の階段を下っていく様が徐々に描かれてたんですよね。

砂川 それがすごくリアル。滅があの弓を弾かなければ或人はああはならなかったわけだし。現実って意外とそうじゃない。

高橋 ですね。それまではホントに滅を救うつもりでいたから。

——一方、迅も或人を信用させつつ雷のデータを奪取するわけですよね。

中川 あの頃の迅はアークを復活させることだけを目的に行動してたから、言ってしまえばゼロワンを利用するのも滅を利用するのも何も思ってなかったんですよね。ゼロワンにはちょっとだけ信頼があったけど、それよりも目的が勝ったという意識で演じました。で、次の回ですよね？ 滅がゼロワンから僕（迅）を守ってくれたのは。

砂川 身体が勝手に動いちゃうという。

高橋 滅も動揺していて。

砂川 それそれ。今思うと、滅に心が芽生える前兆だったよね。

高橋 確かにそう思います。

砂川 動揺する芝居は難しかったけど。「俺はなぜ今動いた？」って言ってて、心はないけど、理解し得ない動揺に加え、どこかで迅を大事に思う気持ちを見せなくちゃなって。

高橋 滅は一番感情を表に出せないキャラだけど、その分、脩弥くんの目とか細かい芝居がすごいんですよ。

砂川 別に守りたいわけじゃないけど、守ってしまった、みたいなことでよくわからない感情のままやったのがあの場面でした。

高橋 僕で言えば、あの回はアフレコに苦労しました。斬る直前に「うぉ―――っ！」となって、滅がパッと前に入ったところで声を止めなくちゃいけないんですよ。言い続けてると滅の表情を消しちゃうから。あそこはテストで中澤（祥次郎）監督から「或人、全然ダメだよ」って作り込んできたものが全否定されちゃって。

中川 重要な場面だったからね。迅のリアクションも苦労しました。

高橋 大輔くんと一緒のアフレコだったんですけど、めっちゃやりましたよね。

——アフレコの話だと、滅亡迅雷サイドは終盤でアークに憑依されるシーンもありましたが、いかがでしたか？

中川 速水奨さんの声に（笑）。

高橋 この3人のシーンがありましたよね。

砂川 36話の最初に憑依して現れる場面。

高橋 あそこ、最初はアークが滅に入って て、迅に入るのが楽しそうだなって。

中川 実際、楽しかった（笑）。

高橋 或人の闇落ち展開を知ってたら、意識してみんなのアーク芝居を見てたのに（笑）。

砂川 でも或人の場合、キャラは一緒じゃない。俺らの場合、元の意識がないからね。

中川 逆に声に気を遣わなくていいから、

その俺らが戦ってる裏で、復活した迅はめちゃくちゃカッコいいことをしてたんだけどね。(砂川)

そこはよかったかも(笑)。

砂川 変身は難しかったけどね。

中川 マネしましたよね。

砂川 ポーズは一緒だけど、微妙に強さ加減が違っていて。

高橋 変身と言えば、37話の滅亡迅雷.netの同時変身はどうでした？

中川 僕がアークだったけど、ちょっと胸が反り過ぎてたかなって(笑)。

砂川 身長も中川くんが一番大きいからね。

中川 もう、どこ見てるんだって(笑)。

高橋 撮影は大変でした？

中川 いや、そうでもなかった。

砂川 並んだのは最初だけで、あとは個別のカットだったからね。

高橋 あれはカッコよかったなぁ。TTFC(東映特撮ファンクラブ)であの場面だけ何度も見返しちゃいましたよ(笑)。

砂川 俺らとしては、まさに夢が叶ったシーンだよね。

中川 僕はアークじゃなくて迅だったらもっとよかったけど(笑)。

高橋 迅はそのままでアークは或人に憑依すれば5人で撮影できたのに。

砂川 おっ、いいね。

高橋 滅亡迅雷.net&アーク(笑)。

中川 それはやりたかった！

飛電或人がいたからこそそのラスト

――終盤は各々が濃密に絡んでいますが、何か撮影の裏話はありますか？

中川 廃倉庫の撮影帰りのロケバスで、ずっと3人で芝居の話をしたのが忘れられないな。

砂川 あぁ、42話のときだ。

高橋 最初は普通にバカ話をしてたけど、僕はイズが消滅したあとの泣きの撮影を終えて、翌々日に脩弥くんが泣きの撮影を控えていて、そこからずっと芝居の話をしてたらいつのまにか撮影所に戻ってた(笑)。

中川 2時間くらい話してたよね？

砂川 おかげですごく参考になったよ。

中川 あれは新鮮だった。

高橋 なかなか、ないですよね。

中川 「ゼロワン」のキャストは各々が芝居を作る感じだったから、僕は話し合うのをわりと遠慮してたんですよ。

高橋 ロケバスで「聞いちゃダメなのかなと思ってた」って言ってたよね。

中川 それぞれの価値観があるから、そこに踏み込むのはよくないのかなって。

高橋 たぶん、この3人だから話せたのもあったと思う。

砂川 タイミングも大きかったんじゃない？ まさに最終局面だったし。

高橋 あんなに芝居について話すなんてね。

中川 あれで目指すレベルが確実に上がったから。

砂川 充実した時間だったよね。

――そして、ついに迅が滅を庇って破壊されてしまうわけですが。

中川 迅としては、イズを破壊された或人の気持ちを充分理解してたと思うので、或人に対して怒りの気持ちとかは意識せずに演じたつもりです。呼び方も変わったし。

高橋 「ゼロワン」じゃなくなった。

中川 「飛電或人」と呼ぶようになって。アークを倒した辺りから或人に全幅の信頼を置いてたし、迅としては或人にあとを託して散っていったんじゃないかな。

――或人と滅の最終バトルの撮影エピソードについてはいかがですか？

高橋 話せと言われれば、5時間くらい話しますよ(笑)。

砂川 ねぇ(笑)。

高橋 撮影に2日間かけてますしね。合流して変身するまでが1日。それで決戦を経ての変身解除後に1日。『仮面ライダーゼロワン』史上最も濃密な2日間でした。芝居はもちろんアクションも存分にやらせてもらえたし、『ゼロワン』に携わってきた中、ここですべて手の内をさらせよと言われてる気がして。実際、杉原監督から「1年間で培った引き出しを見せてくれ」と言われたし、それくらい求められたし、追い込まれました(笑)。

中川 初日の撮影後、帰って何してた？

砂川 とにかく気が休まらなかった(笑)。

高橋 間が1日空いてたんだよね。

中川 1日空くとか地獄じゃん！(笑)

高橋 再び気持ちを持っていくのが大変。

砂川 初日も陽が落ちてきちゃってね。

高橋 誰も悪くないけど、2人して「タイミング悪いっすね～」って。あのときはホントに「気持ちを維持できるかな？」と思った。それで、次の撮影では段取りからやらせてもらったほうがいいんじゃないかって2人で話して、監督にも相談してその前から撮り直してもらったんですよ。

砂川 それで感情をめちゃくちゃ出せた。

高橋 1、2カットだけど、その撮り直しも何度テストをやったかわからないくらいで。しかも、杉原さんが「気持ちが繋がらないのはイヤだ」ってカメラも普段より多く据えて長回しで撮ってくださって。

砂川 その俺らが戦ってる裏で、復活した迅はめちゃくちゃカッコいいことをしてたんだけどね。

中川 アズにわざわざ話しかけに行くんですよね。「なんであんなことするんだろう?」と思ったけど、要するにアズのメンツを潰しておく必要があったんですよ。或人と滅がわかり合った時点で物語は終わってるけど、アズがいる限り悪意が終わらないから、アズを挫折させるのが復活した迅の役割だと思って。なので、あえて無視したりアズをどれだけバカにできるかを意識して演じました。

砂川 独り救世主!

高橋 そんな中、こっちでは1回ぶっ倒れる人がいるし、手が痙攣する人がいるし(笑)。

中川 えええっ!?

高橋 1日目は僕がボロボロになって……それはまぁ大丈夫だったけど、2日目が脩弥くんという(笑)。

砂川 なんか手がふるえてきちゃって。

高橋 面白かったのが、顔はめっちゃ笑顔で「手がふるえてる!」って(笑)。

砂川 すぐ止まったけど、殴ったりしてたからヘンな力が入っちゃったのかな?

高橋 炎天下で殴り合ったし、それこそ100回くらい転がったと思う。翌日がそれぞれのアップだから、もう気合入りまくりでした。

砂川 現場の熱気もすごかったけど、アップするまではめちゃくちゃキツかった。

高橋 アップした瞬間、お互いハイタッチしましたよね。

砂川 やったねぇ(しみじみ)。

アズがいる限り悪意が終わらないから、アズを挫折させるのが復活した迅の役割だと思って。(中川)

——まさにすべてやり終えた現在、それぞれどのような心境でしょうか?

砂川 1年を通じて或人と対立してきて……こっちはもともとテロリストだから爆散してもおかしくない存在だったけど、それを或人が許したのが何よりすごいよね。

高橋 それは僕自身も同じですね。敵として対峙していた関係性から善意と善意に持っていくことができたのは、本当に或人というキャラがあったからだと思います。

砂川 むちゃくちゃすごいヤツ。ホントにいい終わり方をしたなって思うよ。

中川 役としては飛電或人がヒューマギアを思ってくれたからこそのラストだったけど、僕自身も迅を演じていてごく自然に或人を好きな気持ちになれたんですよね。迅として、中川大輔として、本当に或人に心を動かされたんだなって。

高橋 僕の2人への思いは、迅を破壊してしまったけど彼を自分のほうに寄せてしまったからこそ悲しみは深かったと思うし、滅に対してはキックを掠めるだけで突き抜けたのがまさに或人を表した描写だったなと。あそこはアフレコでもあえて声を入れなかったし、闇落ちから戻るまでを集約させた場面だったと思います。僕自身、そういう或人を演じられてよかったし、視聴者の方にも一度噛み砕いてみて相手の気持ちを考えるとか、作品に込めた僕らの思いが少しでも伝われば嬉しいです!

鶴嶋乃愛 × 砂川脩弥 × 中川大輔

［イズ／アズ役］　［滅／仮面ライダー滅 役］　［迅／仮面ライダー迅 役］

滅亡迅雷.netの滅と迅、そして或人の社長秘書・イズとアークの使者・アズとして、作品の核を担う活躍を見せたヒューマギア組の3人が、それぞれの違いから意外な共通点まで、ヒューマギアを演じることのなんたるかを語り合う、正真正銘の初クロストーク！

撮影◎丸山剛史
取材・構成◎山田幸彦

HIDEN

ヒューマギア組の共通点は？

――物語終盤、アズの登場で共演されることが増えたお三方ですが、それまでも現場でお会いすること自体は多かったんでしょうか？

砂川　そうですね。俺らが出ないシーンでも、撮影日が同じなら顔を合わせることはあって。

鶴嶋　ロケバスで挨拶したり、撮影でも私は或人の横に必ずいるから、ちょくちょく会うみたいな。

中川　あと、僕の場合はロケが最初の頃に多かったから、そこでよく会ってたかな。

砂川　あぁ、滅は基本アジトだから、最初の頃は現場で会うことはあっても一緒の撮影はなかったんだよね。でも、最初から仲はいいというか、みんな話はしてたよね。

中川　そうですね。乃愛ちゃんとも明確にどこで仲良くなったというよりは、ずっと最初から話してる感じで。

砂川　あ、でも乃愛ちゃんは俺のこと、最初怖がってなかった？

鶴嶋　怖かったです。脩弥さんと岡田(龍太郎)さんがめっちゃ怖かった(笑)。

中川　そうなんだ(笑)。

鶴嶋　1回ホン読みのときに2人と私の3人で帰ったことあったじゃないですか。

砂川　あぁ、あったね。地獄だったの？

鶴嶋　はい(一同爆笑)。

中川　そうだったのか……(笑)。

――キッパリ言いましたね(笑)。

鶴嶋　いや、違うんですよ！　大輔くんはめっちゃ喋ってくれるけど、脩弥さんは「ふーん……」みたいな感じで。私も人見知りだから、人見知りなりに頑張ったんですけど。

中川　緊張してたんですか？

砂川　いや……たぶん最初だからカッコつけてた(一同笑)。

――前半の大きな共演シーンというと、第15話でイズが迅に刺されてしまうところでしょうか。

砂川　あぁ、僕らは挑発されましたから(笑)。あそこは迅が一番怒ってたよね。

中川　そうですね。台本を読んだ時点で、迅としてはイラつきました。父親がやられたのに、わざわざ目の前に来て言うなんて！(笑)

砂川　あれはイズ的にはどう思った？

鶴嶋　イズとしてはただ説明をしただけなんでしょうね。感情がわからないから、ちょっと間が悪かったなって。

砂川　でも、実際そうなんだよね。イズや或人からすると、滅と迅は討伐しなきゃいけない相手ではあったから。俺らのストーリーでいうと嫌な気持ちになるけど……。

鶴嶋　それぞれに別の正義があって行動しているからこそね。

――演じる上で何か「ヒューマギアらしさ」を表現するポイントはありましたか？

砂川　今考えると、あまり統一しようとかは話さなかったね。

鶴嶋　ヒューマギアはヒューマギアでも、イズと滅亡迅雷は違いますからね。私は機械で、お二人は感情が芽生えてるところが始まりだったので。

中川　そうだね。自分たちは「ロボットであることを意識しないでくれ」って言われてたんだけど、乃愛ちゃんはどうだった？

鶴嶋　「イズがヒューマギア全体の軸になる存在だから、ヒューマギアらしい芝居をしっかりやってほしい」って言われてたかな。ゲストのヒューマギアの方々の中にはお芝居で感情が出てる方もいらっしゃったんですけど、私は社長秘書という役柄もあるので、とにかくヒューマギアの基本を守っていた感じです。

中川　でも、それってけっこう大変じゃない？　俺、最初は動きまくる役だったけど、復活してからはあまり動けないキャラだったから大変なこともあってさ。

――たとえばどのような？

中川　この本みたいに迅として写真撮影をしてもらうとき、ポーズがある程度固定されてきちゃうんですよ。大人になってからはおちゃらけた動きができないですから。それはもちろんお芝居でも言えることで、大人になった分、選択肢が狭くなったから後半は大変でした。だから、それを1年間ほぼ毎日やった乃愛ちゃんは大変じゃなかった？

鶴嶋　私はもうやりすぎて慣れちゃったかな。

砂川　そうなんだ！　俺は迅とか暗殺ちゃんが自由だったから、その様子を見ながら我慢する日々だった(笑)。

――イズと言えばお馴染みのポーズがありますが、それを年間通して維持し続けることについてはいかがでしたか？

鶴嶋　最初にポーズを考えたとき、これなら楽だなって決めたんですけど、実際楽だったんですよね。手持ち無沙汰になることがないというか。

砂川　最初から作り込んでいたってこと？

鶴嶋　1・2話の台本をもらったときにキャラクターデザインもいただくじゃないですか。そのときから決めてました。

砂川　声色とかも？

鶴嶋　そうですね。

中川　役のイメージがめちゃくちゃ明確だよね。迷ってた時期がない感じするもん。僕はけっこう困った(笑)。

砂川　俺も(笑)。

鶴嶋　どう困ったのか知りたい！

中川　僕の場合、迅はポケットに手を入れないって最初に決めちゃったから、何かと手を持て余してた(笑)。イズはそういう縛りがキャラの魅力になる例だよね。僕ももうちょっと使いやすい特徴を作っておけばよかったかも。

砂川　滅は変身で苦労したなぁ。右腕を上げたままの体勢を維持しなきゃいけないから、衣裳の肩の部分が重くて最初の頃は筋肉痛にもなったし。

鶴嶋　私も合成のときは5分くらい止まってたときがあって、この姿勢でよかった！って思いました。もっとしんどいのにしてたら終わってた(笑)。

砂川　あと、ヒューマギアに共通する大変さで言うと、瞬きしないんだよね。それでドライアイになるから大変だった。

鶴嶋　わかります。瞬きが多いと監督に指摘されるという(笑)。

泣きの芝居の難しさ

――お芝居の際は、みなさんどのようにしてスイッチが入るんでしょうか？

砂川　僕らはカメラが回るまではいつもと変わらぬ感じだし、乃愛ちゃんもカチンコが鳴るまでは普通に笑って話してるよね。

鶴嶋　うんうん。

中川　そういうとこは3人とも一緒なんだね。

鶴嶋　でも、なかなか集中が続かなくて……。

中川　あぁー、まったく一緒！(笑)一日中役に入っていられる人いるじゃん。僕は5分でもムリ！

鶴嶋　それを特に自覚したのが、40話で泣きの芝居があったときかな。本当にどうしようかと思って。

中川　あの回、ト書きが「泣く」「泣く」「泣く」でどうすんの!?って、関係ないのに僕まで緊張してた(笑)。

砂川　超重い空気の回だしね！

鶴嶋　結局、あの組だけで泣く日が3日あったんです。

——どうやってその場を乗り切ったんですか？

鶴嶋　これは短時間しか集中できないなと思って、ギリギリになってから悲しい気持ちを作って、本番でパッと解放したらいけました。ヨーイ、ドンでパッと悲しんでるイズになって、カットがかかったらすぐ元の私に戻らないとダメなんです。台本をもらったのは自粛期間中だったんですけど、一度見たあとは本番前まで開かないようにしてました。

——引きずるくらいガチガチに気持ちを作りすぎちゃうと、肝心の出番のときにその気持ちをもう通り過ぎてしまうんですね。

鶴嶋　そうですね。段取りのテスト撮影くらいのタイミングで頂点に行ってしまって、本番だと……みたいな(笑)。

砂川　もちろんテストもガチでやってるから、2回ガチで演じなきゃいけないんですよ。だから、ガチな空気のテストで一度泣いちゃうと、本番では慣れちゃって泣けないとかもあって。

——なるほど。逆に今回の現場で、最初のテストから本番までテンション高い芝居で決めていく役者さんはいたんですか？

今考えると、あまりヒューマギアっぽく統一しようとかは話さなかったね。(砂川)

中川　(桜木)那智くん、岡田さんはできる人ですよね。(高橋)文哉くんはどっちのタイプかな？

鶴嶋　文哉くんは時と場合によるかな。ガーッと作ってくる場合もあれば、ギリギリまで考えないようにしてるときもあって。でも、考えてみると、今の文哉くんってけっこう普段から或人感が出てますよね。そういう意味では常に憑依してるのかな？

中川　僕らは本当に明るい文哉くんしか知らないんだけど、乃愛ちゃんは前の文哉くんも知ってるんだよね。最初からあんな感じだったの？

鶴嶋　全然！私、文哉くんのこと最初は怖かったもん。スーパークールすぎて(笑)。

中川　今は人懐っこいから、性格が180度変わったんだね。

砂川　ホントに憑依型なんだ。それもすごい。

中川　でも、確かに闇堕ちのときは怖かった。みんな気を遣って触れないようにしてました。

——まさに、カメラが回ってないときも気持ちを高めていたそうですね。

砂川　身を削ってますね。役者としてすごいですよ。

中川　考えてみたら、主演だと役

の時間と素の時間のどっちが多いかわからないから、憑依型になるのも納得なところがあるなぁ。

鶴嶋　実際、社長室での最後の撮影のときは、1年間ここにいた時間のほうが長かったねって話してました(笑)。

——それだけ演じていると、確かになかなか完全には役が抜けなそうですね。

鶴嶋　でも、自粛期間が2ヶ月くらいありましたから、そこから役に戻れるかは不安でしたよ。

中川　たぶんメインキャストでは僕が自粛期間明け最初の撮影だったんですけど、最初の1、2シーンはちょっと表情が硬いんですよね。そういうのは大なり小なりみんなあったんじゃないかな。よかったら探してみてください(笑)。

アズと共演した2人は……

——後半のアズとしての最初の演技は、「プレジデント・スペシャル」のナレーションでしょうか?

鶴嶋　そうですね。アズの声色を決めるのもこのときだったから、試しに2パターンのアズをやってみたんです。最初は滅っぽい暗いテンションで、もうひとつが今の小悪魔っぽい感じ。結局、「小悪魔っぽいほうがいいかな」ってプロデューサーの大森(敬仁)さんと話して、今のアズちゃんができました。

砂川　めちゃくちゃ楽しそうに「ゼロワン」の後半をかき回してたよね、アズは。

鶴嶋　とにかく煽ってやろう、煽ってやろうと頑張った結果、よく楽しそう……って言われるんですけど、そんなことない！(笑)

——本当に悪いキャラでしたからね(笑)。

砂川　アズのせいでみんな堕ちていくから(笑)。

——映像での最初の活躍は、35.5話で滅亡迅雷.netのシンギュラリティポイントを探っていく場面からでした。

鶴嶋　あれは1日で撮ったんですけど、これからのアズを決めていく日みたいな感じで手探り状態でした。アジトでのお芝居も初めてだったし、新鮮でしたね。私は最初、イズが操られたりして悪い人格が芽生えちゃうのかと思ってたんです。オープニングに長髪イズのカットがありましたからね。

砂川　あれは俺も気になってた(笑)。

鶴嶋　杉原(輝昭)監督がとりあえずOPに入れてて、脚本の(高橋)悠也さんも「えっ!?」ってなったらしいですよ(笑)。

中川　でも、そんなOP映像を受けて、イズが泣いてるのも長髪も結果として後半の物語に組み込まれてるのがすごいなぁ。

——イズとアズという正反対の2人を並行して演じるのは、大変ではなかったですか?

鶴嶋　それこそパッと切り替えるタイプだったので、そこはあまり苦ではなかったです。おっしゃる通り全然違うキャラでしたし。

——アークの使者ということで滅は当初、アズを味方だと思っていましたよね。

砂川　信用して話も聞いてたんだと思います。まあ、アークを蘇らせるのが滅の第一目標だったので。最初はビックリしたけど(笑)。

鶴嶋　みんなビックリしてましたね。迅も……。

中川　「お前……誰?」って言ってたからね(一同笑)。

——少しケースが違いますが、砂川さんと中川さんもアークに乗っ取られてる状態のときはいつもと違うキャラを演じて、映像では速水奨さんの声が入る形になっていましたね。

砂川　初めに乗っ取られるのは滅だったんですけど、速水さんにお会いする前に撮ってたから、速水さんがどういうスピードで話すかがわからなくてちょっと大変でした。だから、最初はアークの喋りが速かったりするんですよ。

中川　最初はお互い考えないでやってたね……(笑)。速水さんが、「早口だと若く見られちゃうから、ああいう重い悪役はゆっくりセリフを言ってオーラを出す」とおっしゃってたので、それなら俺らも遅くしなきゃなって、以降は速水さんの演技を意識した喋り方をするようになりました。

2人はイズ派？ アズ派？

鶴嶋　実はちょっと気になってたのでこの機会に聞きたいんですけど、2人はイズとアズのどっち派ですか?

砂川　俺、アズ派。

鶴嶋　現場のスタッフさんもアズ派が多いですね(笑)。

砂川　男の子はああいうの好きかもしれない……(笑)。

中川　俺はイズ派かなぁ。可愛らしい感じが。

鶴嶋　私もイズ派。

砂川　そこでアズって言ったらビックリするからね!?(一同笑)

中川　ちなみに、なんでイズ派なの?

鶴嶋　アズは友達になりたくない

大人になってからはおちゃらけた動きができない分、後半は大変でしたね。(中川)

じゃないですか。なんか危ない感じがします。

中川　あぁー。まあ、劇中でもまさしく危なかったしねぇ。

——迅はいち早くその危険性に勘づいていましたよね。

中川　そうですね。もともとアークを倒すのが目的だったから、アークの使いという時点で手の内は晒さないぞと思ってました。でも、シンギュラリティポイントがアークの復活に必要と言われたから、35.5話ではそれだけ渡した感じですね。

鶴嶋　アズからしても、迅は思い通りにならない存在だからイライラしてた気はします。

中川　その辺りの駆け引きの到達点が最終回だよね。『ゼロワン』の頭脳戦の頂上決戦はアズと迅だなって思った。

鶴嶋　最終回のあのシーンは私も好きだったな。

中川　「わかってないなぁ」のところね。子供っぽかった迅がこんなことするようになったか、って。

——キャラの変化という意味で、一番振り幅が大きかったのは間違いなく迅ですよね。

中川　経験を糧にして成長していきましたから(笑)。

——それに比べると、滅は本当に初志貫徹で。

砂川　ホントに突き進みましたね。

鶴嶋　一番ブレてないですよね。

中川　イズもね。

鶴嶋　イズは或人の横に立ってる中で多少の変化があったけど、滅は意志の固さがすごい。

砂川　でも、ブレそうなときはあったんじゃないかな？　それでも守り抜いたのはカッコいいところだと思う。

——後半に共演が増えたことで、それぞれの新しい一面を発見することはありましたか？

鶴嶋　さっき脩弥さんが怖かったというお話をしましたけど、後半に限らず実際はこんなに優しい人だと思わなくてビックリしました。(高橋)文哉くんがいないときとか、みんなで話すときはMCになって話を回したり、すごく気を配ってくれるんですよ。

中川　乃愛ちゃんは仕事でほとんど弱みを見せないですね。僕はけっこう「あー、ダメだったぁ……」とか顔や雰囲気に出ちゃうんだけど、乃愛ちゃんはそんな空気を出さない。

鶴嶋　私は根拠のない自信があるだけだと思う(笑)。

砂川　確かに、イズをやってるときに「ああしておけばよかった」とか聞いたことなかったな。モニターで自分の芝居を見たときに「やっちまった！」って思うことはない？　俺らは2人で「ああー……！」とかぶつくさ言ってたから(笑)。

40話で泣きの芝居があったときは、本当にどうしようかと思いました。(鶴嶋)

鶴嶋　ない……かな？(笑)

砂川　なるほど。俺からすると、乃愛ちゃんは自分より年下の女の子で、性格も姫みたいな感じで……。

鶴嶋　それ、ずっと言ってましたね！(笑)

砂川　と思ってたんだけど、アズと演技したとき、意外と相手の目を見据えて演技をすることに気付いて。自分が睨むタイプの演技をするから、内心では目をそらしたくなってたのかもしれないけど、真っ直ぐ見据えてくるんですよね。精神的に強い子なんだなって思いました。

中川　俺も対面でお芝居したとき、文哉くんとか人間の役の人とは違うなって。ちゃんとヒューマギアと喋ってる感じがした。

鶴嶋　そこまでヒューマギアになれてたなら嬉しいなぁ。でも、これから他のお仕事で人間のお芝居ができるか、それが不安でしょうがない(笑)。

砂川　俺も人を睨むことしかできないからな(笑)。

中川　最終回に2人で街を見下ろしてるシーンがあったけど、滅が笑うカットは「完全に悪意に満ちてる！」って杉原監督に言われてたし(笑)。

砂川　まだ人類滅亡を企んでる的な(笑)。

鶴嶋　私も悪い笑みとか、キャハハって笑うのができなかったらどうしようって思ってました。そこはヒューマギアの悩みですよね。

砂川　型があるからね。

——『ゼロワン』は仮面ライダーが大勢登場する作品で、滅と迅を演じたお二人も変身されてたわけですが、変身しなかった鶴嶋さんから見て、どの仮面ライダーが一番カッコよかったですか？

鶴嶋　私はメタルクラスタホッパーが好きです(即答)。

砂川　この2人を選ばない！

鶴嶋　ガックリしないで(笑)。でも、思い出も込みだとシャイニングホッパーですね。お兄ちゃんの命が籠もってるし、今でもあの回は泣けてきますもん。

中川　あれは僕も脚本読んで泣きそうになったなぁ(しみじみ)。

——ちなみに、ご自身も仮面ライダーになりたい願望はあるんですか？

鶴嶋　最初はちょっと羨ましかったんですけど、それ以上にヒロインを全うしたい想いが強かったです。みんな変身するから1人くらいしなくてもいいんじゃない？みたいな。自分がやるのはちょっと想像つかないですね(笑)。(※注　その後ファイナルステージではアズとしてアークワンに変身を果たした)

砂川　でも、仮面ライダーイズが出るかもしれないよ？　Vシネマとかで。

鶴嶋　女性仮面ライダーってバルキリーみたいなカッコいい感じだから、イズは変身してもバシッと決まるのかな？

——そこまで変身願望はないと。

鶴嶋　もちろん最初は憧れがありましたけど、私は二役やらせていただいてますから。そこは、このお二人をはじめとするみんなにお任せして、最後までヒロインをやり抜きたいです！

中川　逆にこっちはヒューマギア代表として頑張りたいよね！

砂川　ラストでダークヒーローっぽくなったし、今度はアズじゃなくイズとヒューマギア同士共演する機会があるといいね！

ZERO-ONE
MAIN STAFF CROSS TALK

高橋悠也［メインライター］×大森敬仁［プロデューサー］

**『仮面ライダーエグゼイド』以来２度目のタッグを組んだ
プロデューサーとメインライターが、
『仮面ライダーゼロワン』で描こうとしたものは？
そして、キャストやスーツアクターたちの活躍が、
果たしてその目にどう映っていたのか？
1年の激闘を振り返るメインスタッフ対談！**

取材◎編集部　構成◎齋藤貴義

難題？お笑い芸人の主人公

——大森さんが高橋さんと組まれたのは『仮面ライダーエグゼイド』に続き2作目でしたが、そもそも今回はどんな経緯で高橋さんにオファーを？

大森　プロデューサーって理想を語る、夢だけを語る人たちなんですよ。それを具体的なものに落とし込むのが脚本家さんじゃないですか。だから頼りきりなんですけど（笑）。僕は基本的には「こういうことやりたい」「こういうことできる？」って。それを「しょうがねぇな」ってやってくれるのが悠也さんなんですよ。

高橋　いやいやいや（笑）。

大森　だから今回、「仮面ライダーをやって」と会社に言われた次の日くらいに悠也さんに電話して「お仕事ものにしようと思うんですけど」と相談しました。

——もう、その時点で具体的な構想があったんですね。

大森　ええ。そしたら悠也さんも「面白そう」と言ってくれて。それぞれのキャラクターや、その配置に関しては悠也さんが具体的に考えてくれましたね。『エグゼイド』のときもそうだったんですけど、それぞれのキャラクターにムダがないというか、それぞれが絡み合ってるからこそ誰1人欠かせない存在にしてくれている辺りが、一番感謝しているところです。あとは……最後の滅のセリフかな。

高橋　あぁ、最初は特にセリフがなかったんですけど、大森さんから「滅のいいセリフをください」と言われて……「俺の中にある訳のわからない……」みたいな。

大森　そのあとの「これを教えた人間が憎い」ってセリフ。あれが出てくるのがすごいなって思いました。あのセリフで「シンギュラリティに達したヒューマギアって幸せなのか？」と思わせられましたから。要は、ヒューマギアに心が宿ることが必ずしもいいかどうかという問題で、滅は特に偏ったラーニングを受けた最たる犠牲者なので……。

高橋　イズが滅を説得するときに使った「検証しましょう」というセリフは、人間だと「話し合おうよ」とか「相談して」とかそういうワードが出てくるとこなんですけど……有名な囲碁プログラムの「アルファ碁」がAI同士でいろんなパターンを検証し合って成長するので、その辺りからの発想で出てきた単語なんですよね。

——高橋さん的に大森さんのオーダーで一番苦労されたところは？

高橋　忘れもしない一番のムチャぶりは、「主人公がお笑い芸人」という設定でした！（一同笑）　そこで「上手く返した！」って思い出は……ひとつもない（笑）。

——「アルトじゃないと！」は随所に上手く挟んであったのでは？

高橋　そこは結果的に（笑）。高橋文哉くんのお芝居も含めて、愛されるキャラクターになりましたからね。実は、各ゲストのヒューマギアをネーミングするとき、最初はわりと固い名前だったんですよ。イズとかゼアとか、それに近い名前をゲストマギアにも付けようとしてたんですけど、大森さんから「もっと遊んじゃっていいんじゃない」と言われて（笑）、それで1話の「腹筋崩壊太郎」って名前が生まれたんです。そこからのネーミング部分に関しては、やってやったぞ！　って言っていいかもしれません（笑）。アドリブから生まれるものから起きる笑いというのは非常に面白いんだけど、狙って作るのは難しいですね。

大森　でも僕、一瞬だけ「お笑い芸人じゃなくてもいいですよ」って言ったことはあるんですよ？　そもそもは「人々を笑わせたい」という或人のモチベーションのための設定だったんですけど、悠也さんが「或人はヒューマギアに育てられた」という設定を作ってくれたので、そこがあれば実はモチベーションとしては十分じゃないかなと。もちろんプラスアルファにはなるんですけど……「お笑い芸人」という設定がそこまで大事じゃなくなった瞬間はあるんですよ。僕も言ってはみたものの「やめたほうがいいんじゃないか？」って（笑）。まあ、それでもやってくれたんですけど！

高橋　AIの話って今までもいろんな作品で描かれていますが、どうしてもディープでダークな作品に寄ってしまうんですよ。『ゼロワン』でも「明るくやってやろうぜ！」って言っても、そっちに引きずられる部分はどうしても出てくるんです。そういう意味では、或人の「お笑い芸人」というキャラクター性は非常に大切な要素だったんだなって、今はすごく肯定的に捉えてます。特に日曜の朝に観るものとしては、本当にやってよかったです（笑）。

キャストの安心感

——出演者のみなさんの印象は？

高橋　今回は残念ながら現場に行くことはあまりなかったんですけど、非常にイメージにピッタリな演技をされる方々ばっかりでした！　だから当初のイメージ通り、キャラクターなどの軌道修正もせずに突っ走れたなって思います。みなさん、本当に上手くて。

——高橋文哉さんや井桁（弘恵）さんは一時期、役を演じることに悩まれたとおっしゃっていましたが……。

高橋　役者さんたちには大変申し訳ないですけど、そこは意図してやってたところがあるんですよ。その悩んでいるところが画面に表れることでキャラクターが表現できるだろうと。そんな中で彼らはイメージ通りの苦悩を表現してくれていたと思います。

大森　今回はオーディションの段階でほぼキャラクターができていまし

> **1クール目はAIならではのいろんなエピソードを作れて、個人的には「目指してたのはこれだ!」と思ってます。(高橋)**

たから、悠也さんが書いてくれたキャラに合う子たちをキャスティングできたので、新たにキャラクターを直す必要がなかったですね。それぞれが1年のシリーズの中で、前半と後半で違う心情を表現できた人たちだと思います。不破諫も過去をなくし、刃唯阿もＺＡＩＡから離れ、滅は自分の感情に気づき、迅は生まれ変わり……そういうキャラクターが変化していくところを、みんな上手くやってくれたんじゃないかなと。

高橋　僕が実際に関わった作品でいうと比較対象が前回の『エグゼイド』しかないんですけど、そこと比べるとまるで真逆というか、前回はけっこう粗削りな子たちが揃っていたので、そこが面白いところであったんですけど、粗削りの中の光るものを抽出して広げてあげる作業が必要だったんですよ。もちろんどちらのキャストもダイヤモンドですけど、削り方次第で上手く光らなかったかもしれない原石と、すでに輝きが見え始めたところからの原石との違いというか。なので、今回は最初から役者さんたちに委ねられる作品作りができたんだと思います。

——新型コロナで止まっていた撮影が再開した辺りで、大森さんもキャストの方々のモチベーションを褒めてらっしゃいましたよね。

大森　あれは本当にそう思ったんです。みんなの中心にいた高橋文哉という主役に助けられたなと。彼も主役として現場を引っ張ろうという意識はあったと思うんですが、彼はそれを周りに押しつけようとする人間ではなかった。むしろ、彼自身が頑張ることで周りが助けたくなるようなキャラクターの持ち主だったってことなんですよ。それが一番『ゼロワン』の現場を助けてくれたんじゃないかって気がしていて。高橋くんはお芝居に初挑戦だったけど、役に対して1年間、真摯に向き合い続けてくれた。だからこそ周りの子たちも頑張らないといけないというか、「高橋文哉に付いていく」というよりは「一緒にこの作品をよくしよう」って思う子たちが揃ってくれた。そういう雰囲気を感じたんですよね。撮影再開から最終回に向かって、それがどんどん高まっていって……。

高橋　僕もまさに大森さんと同じことを感じる機会がありました。わりと序盤の頃に撮影所でホン(台本)打ちをやったときに、「ちょうど今、撮影やってるから見ていく?」って言われて、高橋くんとはその時点で最初の顔合わせで会ったくらいでほとんど面識がなかったんですけど、「どんなお芝居されるんだろう?」って撮影現場を覗いたら、すごい遠くにいたのに僕に気づいて「どもっ!」ってリアクションしてくれたんですよ。そのとき、「あ、彼はすごく周囲に気配りできる子なんだな」って。座長としての志を持っているというか、器の大きい人なんだろうなって思ったんですよ。きっと主役が彼だから、コロナによる撮影の中断があっても、みんながまとまって一致団結して撮影に臨めたんじゃないかなって思いましたね。

キャラクターの関係性

——俳優陣の演技で、具体的に驚かされたり、感銘を受けた場面はありますか?

大森　ずっと予想通りってことばっかりではなく、それこそ変化していくキャラクターが多かったので、「変化するタイミング」においてそれぞれが予想を超えた芝居をしてくれたと思います。その中で一番印象に残っているのは、滅役の砂川脩弥くんが一番最後に涙を流した芝居でしょうか。あれは監督の演出も含めてだと思うんですけど、あそこまで感情を露にしてくれたからこそ、或人が迅を殺してしまったにも関わらず作品自体が救われたという感じがしたんですよ。相手が文哉くんだったというのもあると思うんですけど、ちゃんと泣いてくれて……あそこで強がらなかったことが作品的には効いたような気がするんです。

——2人の関係性が救いになってるんですね。

大森　刃唯阿や不破諫もそうですけど、過去をなくす人たち、過去にケジメをつける人たちのところも思いっきりやってくれてよかったです。迅が生まれ変わったときのバランスのとり方とかもそう。中川くんが、迅が成長した感じも見せつつ、ちょっと初期の迅も残してるところがあったりして。あそこはホン読みのときから立ち合いましたけど、上手くいったなと思うところでした。初期段階でキャストみんなのキャラクターを作る力が強かったおかげで、そこに変化とかも付けられたんです。こちらが「このくらい行けるだろうな」と想定していた以上に、予想を超えて演じてくれたというのはあると思います。

——変化といえば、イズとアズを演じられた鶴嶋さんの印象はいかがでしたか?

大森　もちろんイズだけに関しても素晴らしくて、あそこで彼女がああいう芝居をしてくれたからこそゼロツーの誕生が効いてくるんですよ。さらには、アズという別のキャラクターも楽しんで演じてくれてましたよね。鶴嶋乃愛にとってはわりとアズのほうが近いみたいだけど……いや、それは悪いって意味じゃなくてね(笑)、キャラクターとして明るくてコケティッシュな感じというか。キャラクターの幅を広げてくれたという意味でもよかったと思います。

——高橋文哉さん曰く「イズは信頼関係の強い相棒」とのことでしたが、やはり女性型ならではの魅力というのはありましたよね。

大森　そうですね。イズはもともと、主人公が飛電インテリジェンスの社長になったときにAIのパートナーが欲しいと思って設定したキャラクターなんです。秘書としてステレオタイプの感じが欲しかったのと、ヒロインとしての役割として。仮面ライダーシリーズが築き上げてきた、ヒーローとヒロインのペアで戦いの現場に向かうという形をやりたかっ

PROFILE　たかはし・ゆうや：1978年2月1日生まれ。東京都出身。脚本家。主な作品に、ドラマ『エンジェル・ハート』(15年)、『ミラー・ツインズ』(19年)、アニメ『TIGER & BUNNY』(11年)、『ルパン三世 PART IV』(15年)、映画『仮面ライダーアマゾンズ THE MOVIE 最後ノ審判』(18年)など。『仮面ライダーエグゼイド』(16年)ではテレビシリーズ全話に加え、映画、Vシネマと作品全般の脚本を手がけた。劇団ユニバード主宰。

2クール目の「お仕事勝負」を始めてからは、どんなお仕事勝負にするかを考えるのが楽しくなりすぎちゃって……。（大森）

たというのも女性型にした大きな理由ですね。シェスタみたいな引いたポジションにしようかとか、それこそ男性にするという選択肢もあったんですけど……鶴嶋さんがすごく魅力的なアンドロイドを演じてくれたので、あのイズになりました。

――女性としては仮面ライダーバルキリーの存在も大きかったですね。「お仕事もの」ということでしたが、最初から現場に同等かそれ以上の立場として女性がいるということもテーマとしてあるのかなと思いました。

高橋　刃唯阿の仮面ライダーバルキリーに関してはまさにそれです。女性が普通に仮面ライダーになったっていいじゃん！　というね。

大森　バルキリーのデザイン・造型に関しても、いかにも女性っぽい感じにはしたくなかったので、そんなに女性らしいラインにしなくていいよと発注しましたね。どちらかというと、バルカンが女性版になったらというイメージで。

高橋　どの男性陣よりもカッコよくて強い仮面ライダーというのを目指して作ったのが刃というキャラクターでしたし、わりとオラオラ系の諌すら手懐けるかのような力強さを持ってほしいと思っていました。井桁さんとスーツアクターの藤田（慧）さんはそれを見事に体現してくださったと思います。イズと刃は可愛い女性像とカッコいい女性像という対極として棲み分けられましたよね。

――主人公に対抗するもう1人の社長・垓役の桜木那智さんについては？

大森　那智くんも芝居に対して真面目でしたね。役者としてやっていきたいという意識が高い、高橋くんと那智くんの2人だったからこそのやりとりで成果を上げられたと思います。那智くんは、それこそ3話から手タレとして登場してますからね。そこは信頼してたんですよ、手タレとしても（笑）。キャラクターは確定してないけど、この子ならどんなキャラクターでもできそうだなって。

――実年齢22歳で45歳の役というのもハードル高そうですが。

大森　そういうことも含め（笑）、どういうふうに転ぶかわからないキャラクターでも彼だったらやってくれるんじゃないか、という信頼をもって最初からキャスティングしてましたから。

高橋　垓というキャラクターは、途中から参入することもあってアクの強いキャラクター造型をしようという思いがあったんです。それを、真面目な芝居作りをする彼が真正面から捉えて演じてくれるものですから、こっちも生半可に変なキャラクターにはできないって思い始めて……真面目に変なキャラクターを作らなくちゃいけないなって（一同笑）。彼にはそういう気構えをもらいましたね。

――仕上がりを見た上で、さらにキャラクターを付けてやろうみたいな感じはあったんですか？

高橋　変なことを真面目に言うことの面白さとか、垓なりの味を出していかなきゃなって。それは決して「ふざける」ってことではないんですよ。他のキャラクターにも言えることだし『ゼロワン』に限ったことでもないんですが、僕はそれぞれが使いそうなボキャブラリーを精選してセリフにしようということには気をつけてますから。ちなみに、不破のセリフは比較的ストレートで書きやすかったです。彼の場合は、論理的だったり、知的だったり、ということとはかけ離れているので（笑）、あまり深く考えて書いちゃうとしっくりこなくなりますけど。

アクションチームの奮闘

――滅亡迅雷.netのキャスティングに関しては？

大森　ヒューマギアは、もともと形は様々ですけど性別はないとは思ってました。ただ、敵側として登場するわけですから、倒されてしまう可能性があったので、個人的にはあまり女性をポジショニングしたくないなと。だから最初は、滅亡迅雷はみんな男と思ってたんですよね。でも差別化はしなきゃいけない、そんなときに「この方はどうですか？」ってプロデューサー補の百瀬（龍介）が中山咲月さんを連れてきたんですよ。

高橋　亡は一番最後にキャスティングされたんですが、滅亡迅雷チームの他の3人……滅、迅、雷とはまた違うキャラクターで、「丁寧でインテリジェンスのある物言いをするキャラクター」という基本の設定があったんです。

――結果、4人の中では亡が一番ヒューマギア的な佇まいをイメージさせる存在になりましたね。

大森　あれが中山さんじゃなかったら違ってたかもしれませんね。中山さんがいてくれたから、滅亡迅雷があの雰囲気になったともいえます。

――今回はアクション面の充実も大きな見どころでしたが、スーツアクターの方々については？

高橋　自分は殺陣が出来上がっていく工程はあまり詳しくないので、そこについては立場的に視聴者と変わらないんですけど、エグゼイドの主役だった高岩さんが今回は敵役に回るということで、初めて仮面ライダー滅に変身してどんなキックをするんだろう？　って興味があったんです。これまでは主役として、ジャンプして華麗にその作品世界ならではの彩り豊かなキックを魅せていた高岩さんですけど、今回は地面に足を付けて、ただ一発「ドン！」って……あの重厚さはすごいなと思いました。スーツアクターさんのお芝居によってこんなに表現が変わるんだなと。そういうわけで、滅の最初のライダーキックがすごく印象に残ってます。逆に、今回初めて主役をやられた縄田（雄哉）さんは、高岩さんの重厚さとは別にすごく軽やかでスピーディーでしたよね。1話のゼロワンのアクションを見たときは、「あぁ、新しい別の時代が来るんだな」って印象を持ちました。今までの高岩ライダーとはまた違うスタイリッシュさというか。

PROFILE　おおもり・たかひと：1980年1月29日生まれ。愛媛県出身。2003年に東映入社。05年、『仮面ライダー響鬼』にプロデューサー補として就き、『仮面ライダーキバ』（08年）でプロデューサーに昇格。13年、『獣電戦隊キョウリュウジャー』でチーフプロデューサーを務め、以降も『仮面ライダードライブ』（14年）、『仮面ライダーエグゼイド』（16年）、『仮面ライダービルド』（17年）を手がけ現在に至る。

そこからまた、いろんな変化を遂げていくんじゃないかという可能性を感じましたね。

――プロデューサー的な視点から見て、スーツアクター陣の配役についてはいかがでしたか？

大森　基本的にはアクション監督の渡辺淳さんが決めていくんですよ。アクターさんにキャラクターを説明した上で「どうですか？」とキャスティングをお願いしてくださる形なんですが……今回はまた特別だったんです。メインがこれまでほぼ20年やってきた高岩さんから変わるというタイミングだったので。でも、だからこそ最後はゼロワンと滅の戦いで結ぼうと思えたところもあるんです。やっぱり……高岩さんは別格ですね。高岩さんだけはちょっともう僕じゃ語れないくらい（笑）。一方、新たにメインとなった縄田さんも高岩さんにはなかった魅力の出せる方でしたし。すごくスタイリッシュで、ゼロワンのマスクとスーツは縄田さんしかムリなサイジングで作られていて、代役を立てることができないんですよ。だから、縄田さんが身体壊しちゃったらどうしようって……そこは、縄田さんにもプレッシャーを与えて申し訳なかったと思いますが、縄田さんしかできないスタイルで縄田さんしかできないアクションをしてくれたと思います。『ゼロワン』のアクションは非常に評判がよかったんですけど、それはまさにアクション監督やスーツアクターのみなさんのおかげだと思います。

「AIとお仕事」というテーマ

――無事、最終回を迎えた現在の心境は？

高橋　「あ、なんかもう終わっちゃった！」という感じです（笑）。『エグゼイド』のときは他のことを考える暇がないぐらい濃密な1年半だったんですけど、今回はコロナのこともあって1年あったわりに1～2か月くらい丸っと何もしない時間があったりして……「これ、ラストまでにあと何話撮影できるの？」という判断待ちになりましたからね。僕の担当話数でいうとざっくり半分くらいになりました。だから、最終回まで来て素朴に「あ、終わった」っていう……。

大森　僕は……最終回が放送できてよかったなという（笑）、いつもとは違う感覚でしたね。6話分くらい再編集エピソードが入ったことも悔しかったという気持ちがあります。本当のベストを尽くせなかったという消化不良感ですね。ただ、最終回に辿り着けたことで安心したというのが一番大きいです。『（魔進戦隊）キラメイジャー』も大変だったと思いますが、あちらはまだ物語の中間地点でしたからね。前後に影響のない話をやりますか？　みたいなことはできるかなと思いますけど、こちらはお尻が決まってる状態で……。それぞれのキャラクターにどういう終わりを迎えさせるのか、一番大事なタイミングと重なっちゃって……ギリギリまで内容を吟味した分……そこは何話になるかわからないところがありました。

高橋　そうですね、一種の賭けでした。再開から45話まで書きましたが、それがちゃんと放送できるかわからないという……（笑）。

――今回はいつも以上に多くの脚本家さんが参加されていますが、メインライターの高橋さんから見て、他の方の担当回で特に印象に残った回は？

高橋　筧昌也さん担当の第6話ですね。父親が亡くした娘のAIとともに、というのを最後に選択してハッピーエンドを迎える……というシチュエーションを見たときにゾクゾクしました。面白いなー！　って。現実の世界だとAIの美空ひばりさんが歌うということで世間的に賛否がありましたけど、死んだ人をAIで甦らせることに対して倫理的な善し悪しを問われる時代でもあるんですよ。だけど、「死者をAIで甦らせることが需要があるからアリ」となった世界ではどうなるんだろう？　と。僕はそういうことに興味を持っちゃうほうなんですよ。もともと筧さんって、日常の中の非日常な話を作られる方だなと僕は思ってたんですけど、あの回のラストは、その中に秘めたダークな一面が仄暗く匂う感じがして、非常に印象に残ってます。

――1年間「AIとお仕事」というテーマを描かれてきたわけですが、その点で難しさはありましたか？

高橋　苦労したのは最序盤ですね。「AIを絡めたお仕事って将来はこうなるんじゃないか」といういろんな仮説をスタッフみんなで洗い出したりしてました。あの辺りはAIならではのいろんなエピソードを作れて、個人的には「目指してたのはこれだ！」と思ってますね。本当はもうちょっと「AIとお仕事」というのを描いていきたいという青写真もあったので、そこにおいては「志半ば」な部分もありましたけど……なんとかやりきった感じです（笑）。

――お仕事5番勝負の頃、公式サイトで大森さんのコメントが頻繁に更新されていましたよね。

大森　もともと「お仕事もの」をやりたい！　というところから始まっていましたから、思い入れが強かったんです（笑）。で、2クール目の「お仕事勝負」を始めてからは、今度はどんなお仕事勝負にするかを考えるのが楽しくなりすぎちゃって……。

高橋　（笑）。

大森　意識したのは、毎話毎話で画を変えようということです。裁判をやったり、お花屋さんをやったり、「味を変えていく」というのを意識しつつ、いろんな職業を紹介しながらやれたらいいなって。ところが、お仕事を「勝負」にしちゃったら、仮面ライダーとして戦わなくても勝負がつく、というのが（笑）。「あれ、これ仮面ライダーいりますかね？」って……（一同笑）。そこはちょっと反省してますね。

高橋　でも、一番最初の大森さんの企画書の中に「今後十年とかの未来に、AIに仕事を奪われるかもしれない」ってありましたからね。それはリアルに「もしかしたらなくなるかもしれない職業」への危機感だったりする一方、子供たちには「将来どんな仕事に就きたいか」というのを考える機会になればいいな、と。そういう意味での「お仕事もの」だったと思うんですよ。だから、このお仕事勝負の部分はまさにその部分をド真ん中に描けるっていうか。「この仕事って人間とAI、どっちの方が向いてるのか」「ザイアスペックで人間の能力を高めた方がいいのか、AIにまるっきり任せちゃったほうがいいのか」、そして「人間とAIは協力し合っていけるのか」と。そういったことも含めていろいろ検証できたのでよかったんじゃないかなと。まあ、本当に仮面ライダーを見たい人にとってみれば「なんかちょっとバトルが物足りない」という思いもあるかもしれないですけど。

大森　「お仕事もの」としては決定版ですね（笑）。

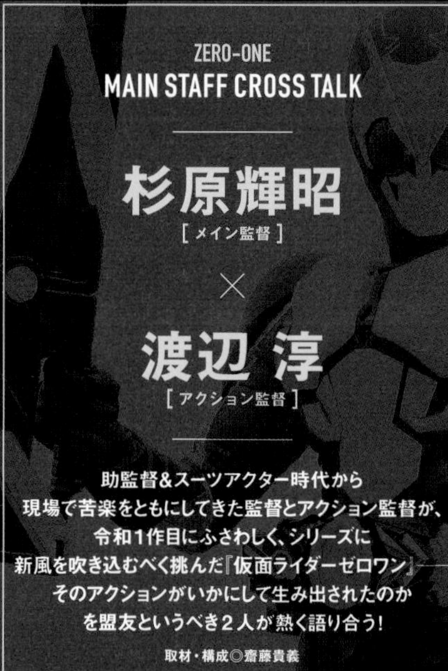

監督とアクション監督の関係値

――杉原監督の「ゆうばり国際ファンタスティック映画祭2020ニューウェーブアワード」のクリエイター部門受賞は、『快盗戦隊ルパンレンジャーVS警察戦隊パトレンジャー』から『仮面ライダーゼロワン』まで続くここ数年のお仕事が対象とのことでしたが、やはり作品のアクション面も受賞にかなり影響しているのでしょうか?

杉原 アクションも芝居的な部分も基本的にはどちらも全力でやらせてもらってるんですけど、何か新しいビジュアルを作りたいというときに、アクションシーンでカメラワークに凝ってみるとかなり面白い効果になったりするんですよ。それで、他の人とはちょっと違うアクション作品を作ってるというふうに映っているのかもしれませんね。逆に、芝居のシーンで凝ったカメラワークを使うと見づらかったりするんですよ。そういう意味では、アクションシーンへの評価が大きかったんだと思います。僕の場合、とにかく視聴者を驚かせたい、こんなの見たことないという新しいものを提示したい、というのが常にありますから。

――そんな思惑の中、『ゼロワン』で渡辺淳さんをアクション監督に招いたわけですね。

杉原 淳くんとは僕が助監督をやってた頃から一緒にやってきた仲ですからね。常々、淳くんはやりたいことがいっぱいあるんだろうなと感じていたので、大森（敬仁）プロデューサーから「令和の最初に何か新しいものをやってください」と言われたとき、「新しいものを作るんだったら淳くんしかいないですよ」って話をしたんですよ。ここで「淳くんのやりたかったことを思いっきり出してもらおうかな」と思って。

渡辺 確か、最初に『ゼロワン』の話を振られたのは……仕事の帰り道で杉さんとばったり会ったとき、いきなり「次、オファーしといたから!」みたいなことを言われて（一同爆笑）。今だから言いますけど、杉さん、ちょっと酔っ払ってて……。

杉原 そうだったっけ?

渡辺 だから、「何言ってるかよくわかんないな」って感じだったんですよ（笑）。

杉原 それは、酔っ払いに言われてもわかんないよね（笑）。

渡辺 まあ、『仮面ライダージオウ』の撮影現場で「一緒にやれたらいいね」みたいなことは話してたと思うんですけど。

杉原 しばらくスーパー戦隊に行って、古巣に帰ってきてからの1作目が『ジオウ』だったので、俺もテンション上がっちゃって、そんなこと言ってましたね。

渡辺 で、しばらくしてから正式に『ゼロワン』の話を聞くことになったんですけど……そこからですね、2人で飲み屋に通って何度も「こんなことをやろうよ」って話をするようになったのは。

――具体的には、どういった段取りでアクションシーンが作られていったんでしょうか?

渡辺 アクション監督という立場としては台本が出来上がってから参加するわけですけど、杉さんの場合はその段階で「やりたいこと」が具体的にけっこうあるんですよ。台本打ちでいろいろ話も聞くし、前もって「次のでこういうことやりたいんだけど」みたいな連絡が来たりもしましたね。

杉原 したね（笑）。

渡辺 で、僕はその上で台本を読んで、「吊り」をやりたいとか「爆破」をやりたいとかアイデアが出てきて、そういう提案をしながら最終的には監督に決めてもらってという感じですよね。

杉原 ぶっちゃけ杉原・渡辺組はすごく仲がいいんで（笑）、俺はこういうことをやりたい、淳くんもこういうことがやりたいって出し合って、じゃあこうしようかという話をまとめてから、さらにアクション以外の部署の人たちもどんどん巻き込んでいって、最終的にコンテマンを呼んで具体的な絵コンテを作ってもらう。そんな流れですね。

渡辺 さらに今回は、1年にわたってVコン（ビデオコンテ）も作ったんですよ。カット割りを考えたアクションを実際に見せたいアングルで撮影して、それを監督に送って見てもらう。「こんな感じでどうですか?」って。

――その段階では、どなたが演じられるんですか?

渡辺 実際にアクション部の人間がやってますよ。ゼロワンとバルカンのアクションだったら、縄田（雄哉）と浅井（宏輔）にわざわざ来てもらって、僕が携帯でカメラを回して。

――ご本人たちが!?

渡辺 前もって準備ができるから2人にとってもいいんですよ。手（立ち回りの段取り）を覚える時間を作っておけるし、Vコンを見返して「あ、ここはもうちょっとこういうふうな芝居にしたいな」とか「もうちょっと手を変えたいな」とか考える時間もできるし。その結果、現場でいきなりやるよりも早く済みますからね。ただ、Vコンの撮影は休みの日にやるので「休みたいときは休む。でも、来られるときは来る」というスタンスでやろうって。

杉原 だいたい僕も参加するんですよ（笑）。やっぱり目の前で作ってるのを見てると、話を聞いてるだけよりも淳くんが「どう撮りたいのか」「何を見せたいのか」がよくわかるんです。なので、僕も極力参加するようにしてましたね。

――手間のかかる作業ですよね。

渡辺 確かに手間はかかりますけど、かけた分、やっぱりいいものができるというか。僕がプレイヤーをやってるとき、動きは当日付けてもらうのが当たり前だったんですけど、あ

「何か新しいことをやろう」としてる俺と、同じような気持ちでアクション部にいたのが淳くんなんですよ。（杉原）

まり時間はかけられないから、「はい、じゃあテスト行くぞ」みたいなことを言われると「ちょちょちょ！　ちょっと待ってください」みたいになるんですよ。そうなると、自分がプランとして作ってきた芝居を乗っける前に本番になっちゃうから……。

杉原　みんな急かすからね（笑）。最近はそうでもないけど、昔は当然のごとく急かしたもん。そうしないと撮りきれないから。

渡辺　それでオッケーになってもプレイヤーとしては微妙なんですよ。言い方はよくないけど、妥協が生まれます。でも、ビデオコンテを事前にやっておくことによって、その妥協も「いいものを作ろうとした妥協」になる。それは全然違うなという思いがありました。当然、当日になってみるといろんな条件で内容は変わってくるんですけど、そういうときも対応が早いんですよ。

杉原　そうだね。1本の筋道はできるから。前もって動きを作ってあるから淳くんも対応しやすいし、スーツアクターの子たちにそれを伝えたときも、「それならこうしましょうか?」みたいな感じで対応してくれるのですごくありがたかったです。

――これまでの作品でVコンを作る工程というのは?

杉原　ほぼないですね。僕は『ルパパト』の特撮カットの撮影で使ったけど、仮面ライダーでは史上初なのかもしれない。

渡辺　僕もプレイヤーとしてやってたときは一切なかったです。もちろんビデオコンテ自体は世の中に存在してたし、他の現場でやってるウチのメンバーは経験があったんですけど……仮面ライダーの現場は本当に時間がないので、今までやれなかったと思うんです。でも、今回は無理にでもやろうってことで、アクション部のみんなに協力的に頑張ってもらいました。

杉原　みんな来てたよね。

渡辺　キャラクターをやってない子たちも無償で協力してくれて。その子たちからすれば先輩たちの動きを見て勉強にもなるし、一緒にやることによって自分たちの技術も上げられるというのはもちろんあったと思うんですけど……いやらしい話、お金が出るわけじゃないので、そこは本当に苦労をかけたと思っています。

夫唱婦随の2人?

――アクションとCGや合成の連携に関しては?

渡辺　僕はCGとか合成に関してはまだまだ勉強しなきゃいけない部分がいっぱいあるので、「こういうのってできるの?」みたいな相談を監督にしてましたね。監督は「CGとか合成で上手くやるから気にしないで好きに作ってみていいよ」みたいなところもあったし、僕のイメージですけど、杉さんはそういうのをすごく上手く使うなと。CGや合成で僕らのやりたいアクションを表現してくれるんですよ。

――現場で見えている以上のものが出てくると。

渡辺　そういうことですね。

杉原　こちらとしては、そのあたりも最初から織り込み済みで作っていくんですよ。台本が上がってくると、なんとなく僕の頭の中で「こういうアクションをやってる画(え)が欲しい」って、具体的な映像みたいなものが出来上がるので、それをそのまま淳くんに振るんです。とにかくすごく細かく伝える。前もって「ここはガッツリCGを使いますよ」とか。とんでもないことをやるときは、だいたい絵コンテを出すようにしてたよね。

渡辺　うん。

杉原　こっちのイメージは全部絵コンテに上がっているので、合成の打ち合わせをするときはとにかく細かく！　すげぇ細かく!!　嫌になるぐらい細かい指示まで全部出した上で、上がってくるまでの2週間ぐらいずっと合成チームのところに通ったりして、すごく細かいところまで直して。だから、ポスプロの段階で手間はかかりますが、悩むことはなかったです。その分、この1年の間、2人でだいぶ話しましたけど。

――そこはやっぱり、お2人の関係が近いことが大きかったわけですよね。今回の場合。

杉原　それはめちゃめちゃデカいです。特に気も遣わず、思ったことはすぐに言っちゃう。

渡辺　もともと監督とは考えてることがすごく似てるんですよ。「今度はアニメっぽい動きをさせてみよう」とか言われると「あ～、あれね。わかった」みたいな（一同笑）。それで楽しくやれました。僕も今までにない「自分だけのアクション」を作ってみたいという思いがあったわけで、それを話せば「じゃあこうやって撮ればいいかな?」ってアイデアも出してもらえるから。

杉原　何でも言ったもん勝ち。

渡辺　ただ、言いすぎて話が終わらないという（笑）。で、これもやりたい、あれもやりたいってすごくカットが増えていっちゃって、結局「これ撮りきれないぞ!」みたいな。

杉原　で、「やべぇ!　ちょっと減らそうか?」って（笑）。そこから話が始まるんですよ。

渡辺　あとは、アクションの演出に関しても、こっちの意図を汲んでくれて「あっちの案のほうがよかったんじゃない?　気にしないでもう1回やってもいいよ」みたいな感じで言ってくれましたし、すごくありがたかったですね。

――高岩成二さんのインタビューでも「杉原監督のときは、ここでもう1回やってみましょうみたいなことを言われる」って……。

杉原　高岩さんにそんなこと言ってた!?　恐ろしいな!　いや……みんなすごい人だから、ちょっとお願いしたらさらにもっとすごいものを出していただけるんですよ。だからつい調子に乗って、時間もないのにどんどんやってもらっちゃってたところはありますかね。

――今回、主役ライダーに初めて抜擢された縄田さんについてはどん

PROFILE

すぎはら・てるあき：1980年10月18日生まれ。岡山県出身。『仮面ライダー555(ファイズ)』(03年)から仮面ライダーシリーズで助監督を務め、『烈車戦隊トッキュウジャー』(14年)からスーパー戦隊に参加。『手裏剣戦隊ニンニンジャー』(15年)の「テレマガDVD」で監督デビューを果たし、『動物戦隊ジュウオウジャー』(16年)でテレビシリーズを初監督。『快盗戦隊ルパンレンジャーVS警察戦隊パトレンジャー』で初のパイロット監督を担当し、現在に至る。

な印象でしたか？

渡辺　たぶんプレッシャーは相当あったと思いますよ。僕はプレイヤーとして1年を通して主役やったことがないので、同じ気持ちは感じ取れないんですけど、彼なりにいろいろちゃんとしなきゃという気持ちがすごく強かったと思うんです。或人というキャラクターをすごく大事にしていましたし、思いが強すぎて演出側の要求を飲めなくなるようなこともありましたから。「或人はこんなことしますか？」みたいに悩んじゃったりして、そういうときは監督と話し合って整理したり……そんなプレッシャーの中で、すごく一生懸命頑張ってくれたと思います。

1年間通してのアクション監督は今回が初めてだったんですが、杉さんの要求にはなんとか応えられたかなと。（渡辺）

アクションは芝居という意識

——ゼロワン、バルカン、バルキリーほか、仮面ライダーのスーツに関してはいかがでしたか？

杉原　今回はけっこうスマートなデザインだったので、「できるだけデザインを生かしてスマートに作ってくれ」というリクエストは常に出してました。造形していくとどうしてもスーツの素材や甲冑の厚みが盛られていったりするんですけど、今回は「それをできるだけ削ぎ落としてくれ！」と。

渡辺　デザインを見たとき、例年に比べるとスタイリッシュというか細いイメージでしたから、「これは動きやすそうだな」と思いました。だから、ゼロワンにはなるべくアクロバティックな動きをやってもらおうと思ったし、バルカンとバルキリーもそれなりに動きの要求レベルを上げられたと思います。

——その上で、どんなアクションのイメージを構想されたんでしょうか？

杉原　スピード感ですね。淳くんと「例年よりスピード感はグッと上げたいね」という話をして。それと、久しぶりのバッタモチーフのライダーなので「とりあえず脚力だな」って、足を使ってピョンピョン跳ねてということも話してたかな。通常、芝居だと1秒間24コマで撮影してるんですけど、アクションシーンは例年だいたい22コマなんです。それで、動きが速く見える。だけど、今年は21コマを多用してましたね。

渡辺　それで、だいぶ印象が変わってると思いますよ。

杉原　ライダーキックもいつもだったらちゃんと見せる演出をしてたんですけど、「今年はそんなことはしないよ！」みたいな感じで始まったので、とんでもなく速いライダーキックになってると思います。一瞬で貫く！　みたいなイメージですね。

——キック自体はとても速く、そのあとで間をとって必殺技名が表示されるという……。

杉原　あれも実験的にやってみたんですよ。必殺技の文字を入れて止め絵を作る。これも今回が初なんじゃないかな。　それから、ジャンプしてキックしたらもう終わりというのも今回はちょっと違うことにしたいなと思って、ゼロワンの最初のライダーキックはコンボにしました。蹴り上げて、蹴り落として、追いかけて行って貫く。

——新味といえば、今回はA．I．M．S．のガンアクションもふんだんにありましたよね。

渡辺　僕は銃にそこまで詳しくなかったんですが、監督がやりたいということで。最初にアクション部を集めて講習会みたいなのをしましたね。

杉原　トレーニングしたね～！

渡辺　銃器を扱う際の所作や、実際はどんな動きをすればいいのか？　こういう状況で何をするのか？　とか。

杉原　仮面ライダーもスーパー戦隊も、変身しちゃえばどんなガンアクションをしてもいいんですけど……とはいえ、鉄砲を撃ちながら走ったりする人がいるじゃないですか。あんなの当たるわけがないので、そういうのを見るたびに「恥ずかしくてよーやらんわ」と。これ、僕以外でもそう思いながら見てた人がたくさんいると思うんですよ。そういう人たちに興醒めされるのは嫌だなと思って。そこで疑問を持ったりせずに観てもらいたいし、そのほうが話にもスムーズに入ってくれるんじゃないかなというのがあったので、だったら僕らが勉強する、わからないままやるんじゃなくて、とりあえず何が正解なのかを理解して、ちゃんと演出するということを考えました。今回はSF色が強かったので、そこのリアリティはすごく突き詰めたところがありますね。

——バルキリーは、あの弧を描くようなガンアクションが印象的でした。

渡辺　バルキリーの場合は最初が中澤（祥次郎）組なので、中澤監督と相談してああいうアクションにしました。杉さんとも「バルキリーは頭脳プレーみたいなことをやりたいですね」みたいなことを話してましたけど、戦闘慣れしてる技術顧問の唯阿と、こき使われている諌、みたいなキャラクター性はちゃんと生かしつつアクションに取り入れたいなというのはあったんです。なので、スーツでのアクションになっても基本的な所作がちゃんとわかっている人たちということを前提にやりましたね。

——滑らかに曲線的な動きをするバルキリーに対してバルカンは直線的、そしてゼロワンは高く跳ぶ、とキャラ付けがあるわけですね。

渡辺　いかにそれぞれのキャラクター性をちゃんと見せるかということです。演じるアクターたちにもそこはしっかり意識してもらいました。だから、こちらが要求することもあるし、アクターたちから「こういうことやっていいですか？」と言ってくることもある。彼らから提案があるのはすごく助かりました。そのおかげで、最終回の立ち回りもしっかり時間をかけて考えられたし。

杉原　最終回はすごくこだわってやったね！　まず、アクションコンテを作ってくれるって話だったんだけど……結局「できませんでし

PROFILE　わたなべ・じゅん：1982年6月21日生まれ。兵庫県出身。JAE所属。スーツアクターとしてヒーローや敵幹部怪人などを演じ、『仮面ライダーウィザード』から『仮面ライダービルド』までの全作で仮面ライダー役を担当。また、Vシネマ『仮面ライダーW RETURNS』よりアクション監督補をたびたび務め、Vシネマ『ビルド NEW WORLD 仮面ライダークローズ』でアクション監督デビュー。本作でテレビシリーズを初担当。

た」って(一同笑)。で、「なんで?」って聞いたら「いや、もう監督がいないと芝居のニュアンスがわからないから、これ以上どうしていいかわからない」って。

――芝居にこだわるあまり……。

杉原 そう。で、その日は「お昼に全員集合!」って参加メンバーを集めて、或人(高橋文哉)も滅(砂川脩弥)も縄田も高岩さんも淳くんもみんなで飯の時間に、台本の頭から「ここのシーンの或人の感情はね……」って全部説明した上で「こういう感じでやろうと思うんだけど」「それならアクションはこうしたほうがいいですかね」みたいなことを話して……。そういうのを改めて全部やったあとに、「じゃ、いよいよラス立ちを撮りますか」と(笑)。

渡辺 結局、そこまで突き詰めると、手を考えるというより心情を考えるってことになってくるんです。僕もプレイヤーのときは、アクションをただやってればいいというんじゃなくて、気持ちでやりたいという意識がありましたからね。だからアクター本人たちに「今こういうふうに手を付けたけどどう思う?」みたいなことを聞きながらやってました。

1年におよぶ戦いを終えて

――素面のキャストたちのアクションも手がけられたわけですが、敢闘賞はどなたでしたか?

渡辺 僕は砂ちゃんかな。

杉原 そうね。砂川はすごく動けました。最後の最後でやっと動いたけど、キレイなんだよね。

渡辺 手を付けてるときは「あっ!……」とかって恐る恐るやってるんですけど、本番になるとすごくいいんですよ。さっきまでと全然違うじゃん!って。本番にはバチッと決まる。

杉原 あとは……或人かな? もう最初から最後までゴロゴロ転がってたし、たぶん1年を通して一番血を流してるんじゃないかな。彼はお芝居が初めての子だったので。ホン読みを何回もやって、やっと本番に入ったんですよ。でも、やるたびにどんどん上手くなりました。こっちが要望を出せばちゃんと食いついてくるし、役に向き合う姿勢がすごく丁寧で、撮っていて一番面白かった。しっかり自分でも考えてきますし、ずっと僕の隣にいて話を聞いてくるんですよ。「ここのシーンって?」みたいな感じで、台本を開いて本当に1シーンごとに。そういうのを1年やってたら、お互いに信頼関係ができますからね。最終的には「或人はこいつに任せておけばいいや」というところまで行きました。本当に彼が主役でよかったと思います。

――井桁(弘恵)さんも女性でありながら変身前のアクションシーンが多かったと思うんですが。

杉原 他の男子たちもアクションなんてやったことないわけだからスタートラインは全然一緒なんですけど……井桁に関してはすごく真面目な子でした。鉄砲の所作ひとつに関しても「なんでそういうことをするのか?」というのを細かく聞いてくる。教えれば理解してやってくれる子で、とにかく勘がよかったよね。

渡辺 そして、すごく負けず嫌い。

杉原 そう!(笑)

渡辺 アクション練習で、他の子たちは「大丈夫だよ」って言えばそれで終わるんだけど、彼女はバルキリー役の藤田(慧)と自分を比べて「自分の中で何かしっくり来てないんですよね」みたいなことを言って、最後までずっとやってましたから。

杉原 映画のアクション練習のとき、昼から夕方過ぎまでずっとやってたもんね。

渡辺 そう。こっちが「もう大丈夫」って言っても「こんなのでいいんですか? 何か違う気がするんですよ! もうちょっとやりたいです」って言ってね。

――この1年間を振り返って、『仮面ライダーゼロワン』でどんな成果を得られたと感じますか?

杉原 第一に、今まで平成ライダーとして当たり前にやってきたことを一旦なかったことにして、一から新しいことができたということ。最初は手探りでやってきたことがだんだんまとまってきた反面、ある程度慣例化してるところがどうしてもあったと思うんですよ。それは、アクションに対する考え方もそうだし、芝居ひとつとってもそうだった。「何か新しいことをやろう」としてる俺としては、毎年同じようなことをやってるんじゃないか? ってずっと思ってたんだけど、同じような気持ちでアクション部にいたのが淳くんなんですよ。そんなときに令和一発目の仮面ライダーを「やってみませんか」って言われたので、「じゃあ、ここでやるしかないな」と。だから2人で組んで、新しいことをやろう、面白いことをやろうって、いろんなことが考えられたよね。これまでやってこなかったことをものすごいボリュームでやれたんじゃないかなって。そこに関しては成功したと思ってます。

渡辺 僕は初めて1年間通してのアクション監督をやらせてもらったんですが、杉さんからの要求にはなんとか応えられたかなと思って、ホッとしてたりします。

杉原 うん、それはもう。

渡辺 そういう意味で、個人的には成長させてもらった1年でしたね。あとは、アクション部の意識を変えたいというのがずっとあったんです。せっかくオファーしてもらったんだから、僕だからこそできることがやりたくて。ビデオコンテもそのひとつだったし、それによってアクション部の1人1人がもっと貪欲になってほしいと思っていました。そこそこやれるようになるとダレてしまう部分ってどうしてもあると思うんですけど、それを1回忘れてイチからやるつもりで「まだまだだぞ!」って気持ちで進んでいってほしかったんです。殴り一発、蹴り一発、ひとつひとつのアクションを一発で決めるプロとして精進してほしいなと。だから、現場ではだいぶキツい言い方をしたこともあったと思うんですけど、そこは僕がみんなと世代が近いので、逆に意見があれば相手も言い返しやすいということもあって安心して言えたことでもありました。これが大先輩相手だったりすると、そういうコミュニケーションは成立しずらいと思うので。僕がアクション監督になってる意味はそこにもあったと思うんです。そういう意味でも、アクション部にとってはちょっとずつですが、意識が変わった1年になったんじゃないかなと実感しています。

杉原 難しいんですよ、新しいことをやるのは。こっちが意気込んで挑んでも、必ずしも観てくれる人たちに歓迎されるわけじゃなくて、見たこともないもの、新しいものに対して毛嫌いする人もいるわけですから……なかなか浸透するまで大変で。ただ、現場から変えていくことで観ている人たちの心も掴んでいければ、これからも何か新しいことがどんどんできるんじゃないかなって。今はホントそう思います。

『ゼロワン』で 仮面ライダーを演じた男たち

KAMEN RIDER ZERO-ONE × SUIT ACTORS

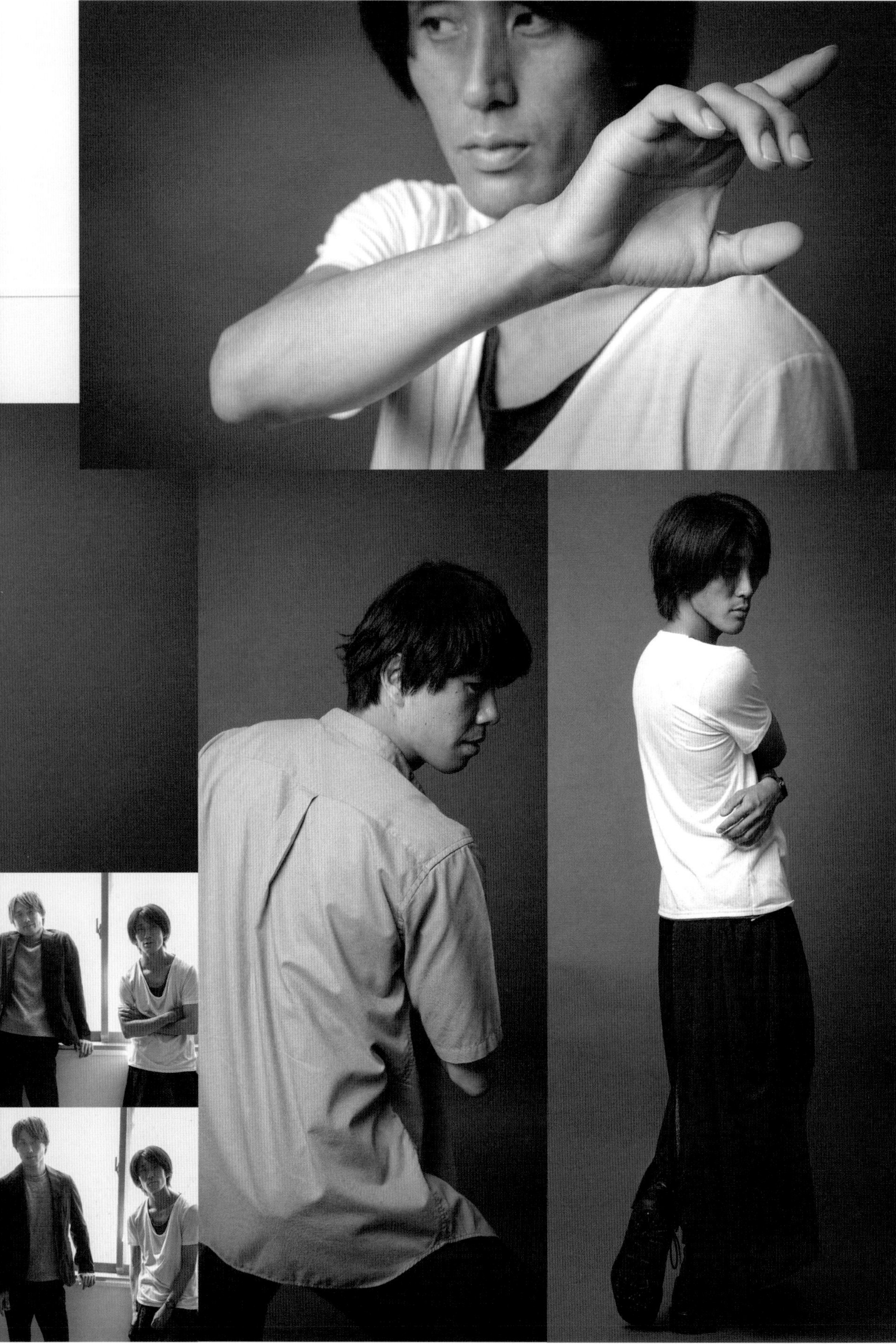

ZERO-ONE × YUYA NAWATA

VULCAN × KOSUKE ASAI

なわた・ゆうや：
1982年9月17日生まれ。福岡県出身。舞台や映画、テレビドラマで俳優・スタントマンとして活動。東映特撮作品では『仮面ライダーエグゼイド』仮面ライダーゲンム役、『仮面ライダージオウ』仮面ライダーゲイツ役を担当。『仮面ライダーゼロワン』で自身初の主役ヒーローとなる仮面ライダーゼロワンを演じた。

あさい・こうすけ：
1983年12月12日生まれ。愛知県出身。『獣電戦隊キョウリュウジャー』のキョウリュウグリーンでレギュラーヒーローを初担当。『手裏剣戦隊ニンニンジャー』『動物戦隊ジュウオウジャー』『快盗戦隊ルパンレンジャーVS警察戦隊パトレンジャー』でそれぞれのレッドを演じ、現在は『仮面ライダーセイバー』にて、自身初の主役ライダー＝仮面ライダーセイバーを担当。

VALKYRIE × SATOSHI FUJITA

ふじた・さとし：
1987年11月24日生まれ。大阪府出身。『仮面ライダーW』クレイドール・ドーパント役などの女性怪人を多く担当。近年は『手裏剣戦隊ニンニンジャー』のシノビマル役、『仮面ライダーエグゼイド』の仮面ライダーエグゼイド レベル1役など、小柄な体格を活かしたキャラクターに個性を発揮。現在は『仮面ライダーセイバー』で仮面ライダー剣斬を担当。

縄田雄哉 × 浅井宏輔

［仮面ライダーゼロワン役］　［仮面ライダーバルカン役］

ZERO-ONE SUIT ACTOR CROSS TALK

本作の主役ヒーロー・仮面ライダーゼロワンを演じた縄田雄哉と、そのライバルにしてかけがえのない仲間・仮面ライダーバルカンを演じた浅井宏輔。それぞれ初となる1号&2号ライダー役を担当した2人が、初の本格的な共演を果たした本作をいかにして駆け抜けたのか？　その戦いの日々を振り返る!!

撮影◎遠山高広　取材・構成◎山田幸彦

それぞれの役作り

——まずはそれぞれの役作りについてお聞かせください。

縄田　僕は基本的に、なんとなく（高橋）文哉のエッセンスを入れたらあとは身体が動くという感じで、ここをこうしてああしてというのはそこまで具体的に考えてないんですよ。

——高橋文哉さんは、最初に或人のイメージを縄田さんからいただいたとおっしゃっていました。

縄田　それは最初の頃の話ですね。或人の芝居を見てない状態からアクションに入る部分もあったので、ホン（台本）を読んで感じた雰囲気と、見学に行ったホン読みでの文哉の様子からイメージを膨らませたんです。文哉の実際の芝居がわからない序盤は、それ以降よりもちょっとわかりやすく演じていました。

——高橋さんは「胸で芝居をするんだ」と言われたとお話しされていましたが。

縄田　その頃のことはあまり覚えてないけど、本当に最初の最初に言ったんでしょうね。文哉は映像で芝居するのが初めてくらいのレベルだったと思うので、たとえば顔を伏せて芝居しても見えないから、なるべく自分の感情が表に出るようにこうしたほうがいいんじゃない？というアドバイスはしたかもしれないです。あと、仮面ライダーの変身前の役者としてカッコつけることの大切さに関してはアドバイスした気がします。ナヨっとしてるよりは胸を張っていたほうがいいとか。それも、だんだん自由に自分の芝居をやり始めていたので、こちらから言うこともなくなっていきましたけど。

——岡田（龍太郎）さんは、一番最初のアクション練習の頃の印象が強かったようです。

浅井　確かにアクション練習はゆっくり教えられますからね。現場はその日その日で変わることもあるし、臨機応変にやらないといけないから。あと、僕らからするとほぼ毎年のことだけど彼らにとっては初めてのことだから、より印象に残るというのもあるのかなと。ちなみに僕は、岡田くんに「時計をつけたままアクションすると壊れるよ！」って言ったのを覚えてます（笑）。

——バルカンはどういった部分から役を掴んでいきましたか？

浅井　僕もホン読みに参加させていただいたときの岡田くんの感じを見て参考にしました。ただ、今回はバッタや動物系の力を使う仮面ライダーだったから、リアルな感じなのか、それともちょっと動物を模したキャラクターっぽい感じになってもいいのか、迷ってたんです。で、本編前にPR動画の撮影ではアクション監督の（渡辺）淳さんに好きにやっていいと言われてたから、変身前の諫とは関係ない狼っぽい動きをしてみました。それが岡田くんには衝撃的だったみたいで、本編に入るとき、スタッフの方を通して「バルカンについて話し合いたいことがあるようです」と呼び出しを食らって（笑）。そこで、リアルなA.I.M.S.隊員でいこうという方向性を彼が明確に示してくれたんです。彼は役のことを愛をもって考えていて、いつもはっきり意見を言ってくれたのはよかったですし、とても勉強になりました。それだけこっちのやることを見てくれているわけだし、どこまで行っても彼が変身している僕ですからね。結果として、僕は不破諫を演じるのではなく、岡田龍太郎を演じようと（笑）。そういう思いで今回は臨んでいたので、僕の動きが最後まで一貫して諫が変身しているように見えていたのであれば、それが正解なのかなと。

縄田　そういう意味で言ったら、俺はプログライズキーの要素はめちゃくちゃ取り入れたな。

浅井　それはそうでしたね。

——諫のような訓練を受けたキャラクターではないし、またアプローチが違ってくるわけですね。

縄田　芝居としては或人でいようと思ったんだけど、せっかくなのでいろんな動物なり虫なりの要素を動きとして取り入れたいという気持ちが強かったんです。最初の頃はいっぱいフォームチェンジしたけど全部変えましたから、アクションスタイルを。

浅井　僕もランペイジバルカンになったときは「この動物の動き入れますから」っていちいち言ってましたね。

縄田　浅井くんはキーによって指の動きを変えてたんです。その動きを「ここはちょっとトラでいくんで」みたいな（笑）。

——全部入りましたか？

浅井　ホント一瞬ですけどね。ランペイジが初めてジャッカルに必殺技を出す瞬間だから、映像的には些細なことです（笑）。

——縄田さんは役を演じる上で高橋さんと相談するシーンもあったのでしょうか？

縄田　僕は基本的に一任してもらってる感じでした。芝居の相談もたまにはあるけど、僕が二択くらい用意して「これとこれならどっちがいい？」と聞く形です。で、僕の中でいいと思うほうがあるんですけど、たいがいそっちを選んでくれましたね。最初に言ったように、僕は或人としてのベースは特に決めてないんです。ホンを読んで、こうじゃないかな？というのはあるけど。だから、どんどん文哉っぽく染まれた感じはあったのかなと。まあ、文哉も文哉でしっかり僕を見てくれたし、そうやってお互い寄り添っていけたのかなって思います。

2人の本格的な共演は初

——お二人がここまでガッツリ同じ現場で仮面ライダーを演じられるのは初めてだったと思うんですが、いかがでしたか？

浅井　縄田さんは舞台の経験が豊富で、横で見ていると役者さんだなって思います。僕はただのマニアだから(笑)。

縄田　いやいや！　浅井だって役者でしょ(笑)。僕は舞台と言ってもそんなに芝居をやったわけじゃなくて、アンサンブルをやることが多かったから。その中で感じたのは、芝居に求められるものの根底の部分は同じでしょうけど舞台と映像で表現は変わるということですね。映像は画角で表現や見せ方も変えたりしなければいけないので。僕の癖として、表現するときに全身で考えてしまうんですが、このカットは上半身しか映らないんだとか、画角というものが存在することへの戸惑いとか、表現が身体に付いてきてないなと思う瞬間はありました。

——舞台と特撮では、アクションの組み立て方も違いますよね。

縄田　テレビは瞬発力重視で、そのときの最善を尽くすやり方です。現場でいろいろ変わることもありますし、その勢いがよさに繋がることもありますね。舞台は稽古を重ねるから、その中で1回作って考え直し、また1回作って考え直して……という作業ができるんですが、その過程を重ねることがテレビだとできないじゃないですか。もちろん、納得が行かなかったら撮り直すときはテレビでもありますけど、どうやっても1日で撮れる分量は限られているので。だから、現場であそこをこうしておけばよかったって、あとで気付く部分はあるよね。

浅井　それはありますね。

——お二人の直接対決についてはいかがでしたか？

縄田　そもそも仲間といえば仲間の関係性だから、浅井とアクションをやったのが意外と少なくて。大きく言えば3つですね。

浅井　12話の屋上のシーンがまずひとつで。

縄田　ただ、屋上のときは逃げるときだけで、次の23話はメタルクラスタで暴走状態だったから。

浅井　ちゃんと向き合ったのがなかったですね。

——3つ目の第44話では、満を持してのガチンコアクションが展開されました。

縄田　或人も闇堕ちしていて、そこから迅を倒してしまってさらに闇が深まっていた時期だから、そのテンションのままでアクションを作っていきました。なので、けっこうガッチガチに当てたりとかして。

浅井　画(え)として激しく見えるし、実際当ててるところはあるんですけど、演じてる部分でのいい具合の力の抜き方を縄田さんがしてくれてるので、こちらも乗りやすかったです。

——アクションそのものもキャラクターの心情的にも痛々しいシーンになっていましたね。

縄田　お互いの想いや目的がはっきりしてますし、最終回に向けてのみんなの気持ちの強さがあったので、その流れでアクションできたのは楽しかったなぁ。

浅井　本当に楽しかったです。それまでの東映特撮だと、現場に行ってからアクションを組み立ててたんですけど、『ゼロワン』だと本番を想定したカット割りで事前にアクションを撮影するVコン(ビデオコンテの略称)が本格的に導入されていて、それが新鮮でした。

縄田　Vコンの内容を確認してから本番に……という流れになるから、あらかじめ作られたアクションに現場でさらにプラスできるのが利点です。44話のバルカンに関しても現場でVコンのものからけっこう変えたりして。

浅井　そうですね。44話のアクションの打ち合わせをしていた頃、縄田さんは次に来る最終話での高岩(成二)さんとの一騎打ちのアクションを準備してたので、このシーンのVコンは代役の人と撮ってたんですよ。その後、縄田さんに入ってもらったとき、「この或人はこういう心情だからこの動きを入れたい」などの意見を出し合って、アクション監督の淳さんに見ていただき、杉原(輝昭)監督に確認してもらう流れでした。アクションの一手はセリフと同じなので、そこで表現が変わるし、打ち合わせが入念にできるのはやっぱりいいですね！

——そこで、より感情が明確になるというか。

縄田　そうですね。で、最初に台本を読んだとき、僕は不破と向き合って戦うと思っていて、それで考えてたんですけど、監督から或人は不破を見ないで突っ走るという演出を受けて、あの形に調整していきました。

浅井　向き合ってくれなかった(笑)。完全に相手にしてくれない感じだったので、変身直後に銃を撃つのも、不破的には或人を絶対に止めたいとはいえ背を向けてる相手に撃つかな？というのがあって。でも、それは演出上の要請があるから、そこをどう違和感なく持っていくかとか、いろいろ考えました。そういえば、今思い出したんですけど、バルカンとアークワンのところで壁際で蹴るカットを「蹴りが伸びきってなかったなぁ……」って気にされてたじゃないですか。でも、映像を観るとあのくらいがよくなかったですか？

縄田　よかったね(笑)。自分の中でもっと曲がってると思ってたんだよ。でも、意外と蹴り込んでたから、映像を観て、あぁ－なるほど！ってなった。

浅井　蹴り込んだ足が画的に伸びきらないで、その曲がって押し込んでるくらいがいいかなって。

——ガチガチに当てたりしてとおっしゃっていましたが、その辺りも段

取りの段階から決めていたんでしょうか？

縄田　相手が浅井だったし、思い切りやらせてもらいました。僕は段取りを作ってるときに、その役の勢いで当てたりするほうなんですよね。それは、甲冑を着けてるから大丈夫だろうという考えなんですけど、段取りでそうする人はあまりいないよね(笑)。

浅井　段取りのほうが痛かったです(笑)。でも、本番に入ると絶妙な加減なんですよね。その感じを口で言うのは難しいですけど(笑)、画として痛そうに見えてたなら嬉しいです。

縄田　カッコよさも大事だけど、キャラクターの心情や痛々しさがアクションを通して伝わるのが一番だからね。

役に入る瞬間はどこ？

――最終話の滅との一騎打ちで、パンチを受け止めた或人が徐々に変身というカットがあったじゃないですか。ああいったシーンではどのように気持ちを繋げていますか？

縄田　変身前後のお互いを見てるから、繋げるのはそんなに苦ではなかったです。役者の2人が作った或人と滅の関係性があったから、僕らもすんなり芝居できましたし。

――最終決戦で高橋さんにアドバイスをされることも？

縄田　いやもう、勝手にやってましたよ(笑)。それを見ていろいろイメージもらってる部分もあって。なにせ段取りのときから文哉の芝居が固まってましたからね。対する(砂川)脩弥くんと2人で高め合っている印象を受けました。

――その甲斐あって、変身前後ともに現場の熱量が伝わってくる映像に仕上がっていましたね。

縄田　そうですね。或人と滅のそれぞれに正義があって、今お話ししたようにそこの2人のお芝居がとても高まっていて、そのテンションのままやれば変身後の芝居も決まるという感じで。僕もやりやすかったですし、燃えました。滅役の高岩(成二)さんもテンション高くグッと来てくれたから、そこも楽しかったし。本気でぶつかり合えるのはいいですよね。小手先でやるのとはわけが違うじゃないですか。カッコつけた言い方をすれば……魂のぶつかり合いみたいな(笑)。

浅井　ライダーって一騎打ちが多いじゃないですか。僕が勝手に一騎打ちに対して感じていることなんですけど、普段会話がない人との立ち回りでも2人で向かい合うと相手の考えていることの本質がわかるんですよね。それが面白いなって。JAEの先輩たちと手合わせしたときは、「この人は避けてくれるな……」と思いましたし、逆に後輩のまだ慣れていない子が遠慮したり当てることを怖がっていると、すぐわかります。

縄田　うんうん。信頼関係は大きいよね。バルカンの最後のアクションも、僕が振り向きざまに殴ったりしていたじゃないですか。あれも、当たらなかったらどうしようとか、逆に当たりすぎたらどうしようとか、そういう考えはゼロでした。お互い大丈夫だろうみたいな。

浅井　役の上でどうこうというよりも、先輩に遠慮したら失礼なんです。行ったら絶対応えてくれるから行かなきゃダメ、みたいな。その遠慮が映像に出ると、途端に嘘っぽくなってしまうし。

縄田　ただ、あの回はオンエアを観たら、あんなに本気で殴ってるんだってちょっと思った(笑)。

――ダークなキャラクターをやることで、素の自分に影響したりはされるんでしょうか？

縄田　そんなことはないです(笑)。僕はカットがかかれば抜けますね。ちょっと引くときはありますけど、基本的に面(マスク)を外すときには大丈夫です。

――それぞれ、役に入るスイッチとかってありますか？

縄田　それは人それぞれだよね。僕の場合は「ヨーイ！」って声がかかったときかな。

浅井　あ、グッ！とそこで構えるから役に入る感がありますよね。ただ、僕は自分で芝居中にスイッチが入っているのかよくわからない(笑)。もちろん役には気持ちを入れて臨むんですけど、いざ映像で観ると「ライダーじゃなくて自分だな。まだまだだな……！」って思っちゃうんですよ(笑)。だから、明確にスイッチが入る場所があるというよりも、気付いたら入ってるのかなって感じですね。

――浅井さんは、オンエア時に自身を客観視してけっこう反省されるんですか？

浅井　ずっとそうですよ。見返して「はぁ……もうちょっと行けたな」みたいな(笑)。

――縄田さんは見返されますか？

縄田　観てますね。常に何回も見返してるわけではないですけど、バルカン対アークワンのくだりは何回か見直しました。強く印象に残った場面はそういうこともありますね。

それぞれのベストアクション

――『ゼロワン』を振り返って、それぞれベストだと感じるアクションは？

縄田　僕はバルカンとの戦いがかなり上位に入りますよ。あんなに感情を出したのも映画(『仮面ライダー 令和 ザ・ファースト・ジェネレーション』)での仮面ライダー1型との立ち回り以来で、けっこうなテンションの高まりがありましたから。

浅井　バルカンはいろんな人と向き合えたキャラクターだったんですが、その中でお気に入りというと、直近では縄田さん(ゼロワン)との一騎打ちと、あとは8話の滅の初登場シーンですね。どちらもボコボコにされるんですけど、1対1だからこそこっちの受けも大事になってくるシーンでした。こっちがしっかり受けないと画的に成立しないから、そこはいろいろ考えながら臨んだシーンです。現場で当てられて痛いと思っても画として当たってるだけでは伝わらないので、そこが噛み合ったなと。そういうのが届くのかなって思います。バルカンでやられるときのほうが楽しいというか、頑張ったらゼロワンがめっちゃカッ

本気でぶつかれるのはいいですよね。魂のぶつかり合いみたいな。（縄田）

2人で向かい合うと、相手の考えていることの本質がわかるんです。（浅井）

コよくなるな、みたいな（笑）。一見大したことない一撃でも、こっちがガクンとのけぞったら相手の強さがわかったりするじゃないですか。

――攻めるだけでなく、そうやって相手を引き立てるやられのアクションを楽しむ1年でもあったわけですね。

浅井　はい。で、さらにベストだと思うアクションがありまして……。

――何でしょうか？

浅井　12話で、暗殺ちゃんを追いかけるドードーマギアの間にバルカンが割って入るときに、飛び込み前転で入って左フックをするところです。あそこ、『仮面ライダー剣（ブレイド）』の映画（『劇場版仮面ライダー剣 MISSING ACE』）で睦月がレンゲルに変身するときの岡元次郎さんの動きを丸々真似したんですよ。

――分かった方はマニアですね（笑）。

浅井　本当は「ドードーを捕まえて引き剥がしてほしい」って言われたんですけど、走って変身してるから飛び込んでもいいんじゃないか……？と思った瞬間、あの次郎さん演じるレンゲルが脳裏に浮かんで、気付けばああいう形になって。気持ちが乗りました！とか動きが決まりました！とかじゃなくて完全に自己満足なんですけど（笑）。でも、実際に映像を観たらあのレンゲルにはまだほど遠いな……と思って、そこは反省ポイントでしたね。

――迅とサウザーのバトルの時に、両キャラを担当されていた永徳さんの代役で浅井さんがサウザーを演じた際、とても楽しそうだったという話を他の取材で聞いたのですが？

浅井　永徳さんにとっては迅もサウザーも大事じゃないですか。そんな先輩の役を引き受けるということで緊張しました。もちろん、好きだから嬉しいは嬉しいんですけど、当然中途半端なことはできませんし、終わった作品のキャラクターではなく現行の作品で途中に代わりをやるというのはなかなか難しいですね。

縄田　『ジオウ』の最終回で、俺の代わりにゲイツもやったよね（笑）。

浅井　そうですね（笑）。でも、やっぱり素面の役者さん同様、スーツアクターも同じ人が最初から最後までやってほしい気持ちはありますねぇ。

縄田　次の役があるのはありがたいことなんだけど、寂しいは寂しいからね。

――今回、縄田さんは1年を通して1号ライダーのゼロワンを全うされたわけですが、最終回まで演じられたことに対してどのような想いがありましたか？

縄田　ゲイツの頃も最後まで行けるところは行きましたけど、1話丸々『ジオウ』の現場に出られない日もあって。

浅井　『ゼロワン』のパイロットと重なってましたからね。ある日、タイミングよく縄田さんが『ゼロワン』のロケから帰ってきたので、「縄田さん、早く！」って急いでもらった日もありました。

縄田　ちょうどゲイツのほうの撮影が撮影所内だったから間に合ったんだよね（笑）。

――では、そろそろ締めに入っていきたいと思うのですが、1号、2号として『ゼロワン』の1年間を駆け抜けてきたお2人ということで、お互いに対してメッセージをいただければ。

浅井　まずは、1年間ありがとうございました（笑）。

縄田　こちらこそ！

浅井　2話の段階では、ゼロワンとの最後の戦いみたいなのがもうちょっとあるかと思ったんですけど、意外と早めに正体をバラして味方になったんですよね。なので一騎打ちの機会がなかなかなくて、ちょっとウズウズしてた部分もあったんです。それもあって、最後に縄田さんと思う存分戦えたのは嬉しかったです。

縄田　共闘といっても意外と少ないんだよね。

浅井　そうですね。いろんな仮面ライダーが登場する作品ということもあって。

縄田　2人で1人を倒すみたいなのはあまりなくて、「お前は先に行け！」みたいなシーンが多かったかな。

浅井　細かいところだと、僕は25話が好きでしたね。滅を追う諫に或人がオーソライズバスターを渡す場面。

縄田　森の中で渡すやつか。

浅井　そうです。滅を追いかけたらバーニングファルコンが初登場して。あの演出がよかったですね。

縄田　そういうところくらいだよね。機会があったら、共闘感があるのももっと見たいね。……で、浅井へのメッセージですか？　芝居やアクションをするときのエネルギーが強いので、それが僕としてはとても嬉しいんです。どんどん前に出て来てくれるから、自分も刺激になるというか。「これだけ来るのか……じゃあ、こっちもこうやって返さなきゃ」と思わされますし、そういうとこはめちゃくちゃやりやすかった。とにかく信頼できる2号ライダーさんです。

浅井　ありがとうございます（笑）。縄田さんは主役ライダーとしての重圧を背負っていたと思いますし、本当にお疲れ様でした。

縄田　いやいや（笑）。そういうプレッシャーもあったかもしれないけど、撮影外でもっとシーンをよくするための話し合いとかをできる相手として浅井がいたのはとってもよかったね。そういう話をしたときに出る意見を聞いて、感覚的な部分で似てるところもあるなって思ったり。

浅井　縄田さんとは撮影以外の場で話をさせていただいていたので、お互いに理想を共有できたというか、現場では特に話さずに立ち回りに入ったりもしましたね。その時点での全力は出せたと思うので、あとは観ている人の評価にお任せしたいところです。こっちから「いやぁ、今年のアクションよかったですよね！」とはなかなか言えないし（笑）。

縄田　そうそう、こっちは気持ち

よくやらせてもらっただけだからね。あとはみなさんにどう評価していただくかです。あ、肝心なことを忘れてはいけない！『仮面ライダーセイバー』の1号ライダー役、おめでとう！　頑張ってください！(笑)。

浅井　『ゼロワン』撮影中の縄田さんが、笑顔の裏で重圧を感じていたんじゃないかな？と思っていたのはそれです！今、絶賛新しい壁にぶつかってるところなので(笑)、1号ライダーの重さを考えてますよ。いろいろ用意してきても、まだまだ上があるんだなって。ただ、壁にぶつかるというのは別にネガティブな意味じゃなくて、上の次元に全然届いてないのがやってて面白すぎるんです。まだまだできることがあるな、と思うと笑うしかない！

縄田　どこの壁にぶつかってるかわからないけど、僕も『ジオウ』のゲイツから『ゼロワン』でいきなり1号になったときにめちゃくちゃ発見があったし、これからどういうふうにそれを昇華していくかを見るのを楽しみにしてるよ。後半からはきっと楽しくなると思うから、1年間ベストを尽くしてエンジョイしてください！

浅井　ありがとうございます！

井桁弘恵×藤田 慧

［刃 唯阿／仮面ライダーバルキリー役］　［仮面ライダーバルキリー役］

女優×スーツアクター対談［仮面ライダーバルキリー編］

仮面ライダーとして戦う女性を演じた井桁弘恵と、女形として女性の仮面ライダーを演じたスーツアクターの藤田慧。彼らがいかにして仮面ライダーバルキリーを生み出し演じてきたのか？　互いの役に対する思い入れから、1年にわたった共闘の裏側まで、その真実を語り尽くす変身前後対談！

撮影◎丸山剛史(井桁)、遠山高広(藤田)　取材・構成◎鳥本真也

いつでも見ているお兄さん

——アクションの撮影で井桁さんが派手に転んだとき、藤田さんがサッと駆けつけたという話を滅亡迅雷コンビから聞きましたが、みなさんにとっても印象的な出来事だったそうですね。

井桁　まず、私がアクションや変身で悩んでると、すぐに藤田さんが来てくださるんです。いつも視界のどこかにいらっしゃって……。

藤田　なんだか圧があるみたいじゃない(一同笑)。

井桁　ちょっと不安でキョロキョロしてると、すぐに藤田さんと目が合って駆けつけてくださって。そこで姿勢だったり動きを「どうしたらいいですかね?」って聞くと丁寧に教えてくださるんです。それで、コケたときも一番最初に駆けつけてくれて……1年間、本当に助けていただきました。

藤田　渡辺淳(アクション監督)さんや監督との間をできる限り取り持ってあげようという思いはあったかな。終盤(第42話からアクション監督補で参加)の藤井(祐伍)さんのときもそうだけど、井桁くんを一番そばで見ていられるのは私なので。

井桁　監督さんや渡辺さんから難しいことを急にポンと言われると、どうやったらいいのかわからないところを藤田さんが「もっとこうして」とか噛み砕いて教えてくださった印象が強いです。

藤田　だいたいみんな、急に言うんですよね(笑)。

井桁　それが難しいアクションだったりすると、「急に言われましても……」って(苦笑)。そこですぐに対応できなかったりするところを藤田さんから細かく教えていただきました。あと、事前に藤田さんがアクションをしてる動画を見せていただいたりしたこともありましたし。

——井桁さんのアクションの陰には常に藤田さんありと。

藤田　これ、そんなにいい話だったっけ?(笑)

井桁　いい話です！　ただ、それが当たり前になりすぎちゃってるんですよ。

藤田　そういうことですね。でも、井桁くんはすごくしっかりした人でした。初対面のときからそう思っていて、「ちゃんと伝わってんのかな?」というような変な不安はなかったし、僕も頼りにしてたし、1年間バルキリーを演るにあたってもっと話をすればよかったなって……それくらいしっかりした人でしたよ。

——逆に、井桁さんから見た藤田さんはいかがでしたか?

井桁　最初はアクション練習でお会いしたんですけど、アクション部のみなさんとの顔合わせも初めてで……まず、そもそもアクション部とはどういう団体なのか？って（笑）。

藤田　そこだったか（笑）。その場の自己紹介で「ゼロワンの縄田（雄哉）です」とか言ってくんですけど、まだバルキリーって名前が決まってなかったので……。

井桁　藤田さんは何とも言ってなかったですよね。それで、練習が始まったらそれぞれキャストとペアになったんですけど、私はなんで藤田さんと一緒なのか理由がわからなくて。あとあとになって「だから教えてくださったんだ！」って（笑）。

藤田　そうだったの？（笑）

井桁　それまでバルキリーを誰が演じるか知らなくて、変身の動きを決めるときになって藤田さんが「やります」って出てきたので、そこでようやく気づいたんです（笑）。それまでは私に優しくアクションを教えてくださるお兄さんだとばかり……。

藤田　誤解を解いておきますけど、最初に挨拶をしていくとき、仮面ライダー役であることは言ったんですよ！

井桁　言ってないですよ！

藤田　……もしかすると、ゴニョゴニョって感じで終わってたかもしれないですけど（一同笑）。

井桁　その後、撮影の合間に変身ポーズの案があるからって動画を見せていただいたんですけど、そこに藤田さんがいて「アレ？」と思ったんです（笑）。

藤田　そのタイミングまで「アレ？」って思ってたの？

井桁　そうです。だから藤田さんと一緒に練習させてもらってたんだって（笑）。で、私はまだ「変身」ということそのものがどういう動作をしないといけないかわかってなかったんですけど、その動画を見た瞬間、すごくカッコよくてわかりやすかったので「ぜひぜひ、これで」とお願いして、あの変身ポーズに決まりました。

女性らしさの体現

――仮面ライダーバルキリーの印象はいかがでしたか？

井桁　役が決まったときにデザイン画は見てましたけど、動いてる姿を見たのは最初の発表会で流れたPR映像でした。そこで「あ、やっぱりカッコいい！」と思ったのを覚えてます。

藤田　僕は正直、最初はスカートが欲しいと思いました。

井桁　えぇぇっ!!

藤田　女子キャラとしてスカートがあると楽だから（笑）。バルカンと対になったデザインだから、僕からすると見た目で女性的な違いがないのは痛手で……立ち振る舞いとかどうしようかなぁと。動きだけ極端に女の子らしくしてもしょうがないし、刃唯阿としてどうしようかと思ってました。だから、初登場の第3話は私の中では頑張ったんですよ。でも、そこから自分の中でブレ始めていって……。

井桁　そうだったんですか。

藤田　よくないほうの発想でバルキリーのルックスに不安があったりしたんですけど、井桁くん演じる唯阿のことを落ち着いて自分の中で考えて、ようやく掴めたのがファイティングジャッカルレイダーの頃でした。

井桁　えぇぇ～……!?

藤田　けっこうかかったんですよ。そこでもう1個の軸を決めて演じていこうと思えたんです。

井桁　そうだったんですか。

藤田　意外と初登場のときは乗りに乗っていて、周りからの評判もよかったんですけど、自分の中で上手くいかなくてウロウロした時期が長かったんです。

――もしかすると、井桁さんが唯阿の役に迷っていた時期と被るのかもしれませんね。

井桁　そうかもしれません。

藤田　唯阿もスパイだったり、チップ入っとんのかい！　みたいなことがあったしね。

井桁　最初にA.I.M.S.にいるときから、監督さんに「スパイなんで」って言われて、「えっ？　スパイとは？」ってなりました（笑）。正義なのか悪なのかを聞いても「スパイなんで」って言われるだけだったんです（笑）。私としても、唯阿が自分の気持ちで動いているのか、やらされてるのか、ずっと考える日々だったんですけど、まさか藤田さんも同じく悩まれてたんですね。

藤田　ただ、ジャッカルのときはいろいろ話をした覚えがあるよね。それと7～9話の山口（恭平）組のとき、先の台本を見せてもらってスパイなんだなってわかったんだけど、「これ、いいことしてるの？　どうなの？」ってなってたんです。

井桁　暗殺ちゃんの頃ですよね。

藤田　あのとき、山口監督が台本にない演出を入れたんです。それが（第7話の）一般の女の子を助けるというもので、山口監督としてはバルキリーもあくまで正義のヒーローでいてほしいという気持ちがあったようなんですね。だから、監督たちも唯阿のポジションをどう見せてあげたらいいか、それぞれ考える部分があったのかなぁと。

――最初からレギュラーでここまで活躍した女性ライダーは、シリーズ初でしたよね。

藤田　最初は、令和初の仮面ライダーで、職業を選択するという意味で女性ライダーも……ということだったのかなって。

井桁　そうなんですよ。なので、ホントはもっと活躍してほしかったんですけど（笑）。

藤田　だから難しい役だったんですよ、唯阿って。で、僕が見てても「これだ！」というお芝居で役を演じていると思えたのは、ジャッカルだった頃を経て唯阿が独り立ちした頃だったのかな。

井桁　わかります。そこから私もお芝居が楽しめるようになりましたし、唯阿が理解できるようになったというか、寄り添えるようになりましたから。

アクションから得た振る舞い

――わりと最初から迷われていたとのことでしたが、バルキリーの役作りで、立ち姿とかちょっとした手の動きなどにも試行錯誤があったんでしょうか？

藤田　唯阿としてムダなくスッと立っていよう、美しい方向に持っていこうとしていました。それが却って失敗したこともありましたが、立ってるだけでよかったなという自分の中での成功例は、冬の劇場版『仮面ライダー 令和 ザ・ファースト・ジェネレーション』でアナザーゼロワンを倒したあとにバルカンと一緒に立ってのキメのカットでした。スクリーンで観たとき、「うんうん、立ってるだけでいいな。やっぱりこれだ」と思えたんです。唯阿は実戦訓練も受けてるでしょうから。アクションとしてはプロとしての動きで、技術顧問ということはあえて気にしないようにしてましたね。

――第3話で披露された初登場のアクションは鮮烈でした。

井桁　3話で変身シーンを見たときからホントにカッコよくて、素の自分に釣り合わないくらいだなって感動したのを覚えてます。また、その姿に見合うくらいのカッコよさを出さないといけないと、身が引き締まった瞬間でもありました。3話のアクションは実際に撮影の様子も見せていただいたんです、物陰からひっそりと(笑)。こうやって撮ってるんだという驚きもありましたけど、唯阿=自分がやってることだと想像がつかないくらいの鮮やかな動きで、そこへ追いつかないとっていう刺激をいただきました。

藤田　そんなことはないですよ。

井桁　いやいや、ありますよ!

藤田　変身解除のときのお芝居も素敵でしたよ。

井桁　いやいやいや。

――では、変身解除の瞬間はかなりのプレッシャーがあったんじゃないでしょうか。

井桁　ありました。目の前で見ていたアクションの、そのあとかぁ……って。急にしょぼくなっちゃいけないし、初めてプログライズキーを抜くとこでもあったので、緊張していっぱいいっぱいでした。でも、藤田さんの動きを使わせていただいたりして、ホントに2人で作っていた役でしたね。

――バルキリーというと身体が傾くほど走り回る印象があります。

藤田　淳さんもバルキリーを活かす方向で、バルカンで浅井(宏輔)の意図を汲んでよさを出すのと同じように、藤田のよさを引き出そうとしてくれてました。また、バルキリーのアクションにはひとつこだわりがあって、これは個人的な意見ですけど、ちょっといろいろわかってきた頃の中学生が真似したくなるニュアンスをアクションに残したくて、そういうエッセンスを意識してました。あと、木箱に隠れるというのは、自分が動かなくても演出で唯阿らしさが出ていれば僕と淳さんの本望だし、パワーだけじゃなくても勝てるというのが出てればよかったかなと。

藤田さんには1年間、本当に助けていただきました。(井桁)

井桁　出てたと思います。素早さはチーターでしたし、技術顧問ならではの頭を使ったアクションだなって思いました。「戦い方の手本」というセリフもしっくりきましたからね。

藤田　そのセリフに向かってアクションできた気はしますね。

井桁　力任せじゃなくて省エネ的な戦い方でしたね。

藤田　エコは大事だよね(笑)。

井桁　最初に藤田さんが「スカートが欲しかった」って言ってましたけど、私はバルキリーにスカートが付いてなくてよかったなと思います(笑)。

藤田　ホントにその通りです(苦笑)。

井桁　そもそも藤田さんの動きが女性らしくて、私よりもしなやかでキレイだなって思えるくらいだから、逆にバルキリーの見た目自体はあまり女性らしくなくて、だからこそ男性と対等に戦ってるというのが出てましたよね。

――お二人とも、当然ですがバルキリーへの思い入れが強いですね。

井桁　私は基本、バルキリーしか見てませんでした(キッパリ)。スピードが速いのが好きで、私自身が陸上部だったこともあって、走ってる姿がカッコいいなって。18話で、隠れながら走ってバルカンと戦うというシーンがあったんですけど、それもバルキリーだからこそできるアクションだと思いました。

――ラッシングチーターに対して、ライトニングホーネットはいかがでしたか?

藤田　ホーネットもいいよね。

井桁　ホーネットはホーネットでいいところがあるんです。中でもやっぱり羽根ですね。ホーネットは飛行中の羽根が妖精のようで好きでした。

藤田　羽根に関してはすべて、合成を担当した日本映像クリエイティブのみなさんを褒めてあげてください(笑)。

井桁　飛んでるところもよかったし……バルキリーって基本的にムダがないんです。だから見ていて飽きないし、普通にカッコいいんですよね。

――それだけバルキリーに思い入れがあると、実装してファイティングジャッカルレイダーになったときは

……。

井桁　ちょっとショックでした。それまでは仮面ライダーだから「変身」というセリフでしたけど、「ジャッカルは仮面ライダーじゃないから違う言葉でやってください」ってスタッフさんから言われて……。これからはジャッカルレイダーだから「変身」というセリフも言えず……「もう私は仮面ライダーじゃなくなっちゃったんだ」って思いました。あの時点では、この先またバルキリーに復帰できるかもわからなかったので、これで終わったらどうしようって……悲しかったですね。

——デザイン・造形的には女性的な妖艶さがあって、バルキリーとはまた違うカッコよさだったかと思うんですが。

井桁　そうですね。アクション的にもバルキリーとは違った戦い方になって、そこは唯阿的にも沈んだ気持ちで、沸々とした怒りもあったり、感情的なものが明確だったので、藤田さんのアクションにもセリフが乗せやすかったです。あと、ジャッカルレイダーのときは藤田さんのお芝居を近くで見ていることが多かったかもしれません。特に(第33話で)不破に謝るところはしっかり見させていただきました。ただ、バルキリーの唯阿とは別人を演じているような気分でした。

井桁くんを一番そばで見ていられるのは私なので。(藤田)

再び仮面ライダーへ

——では、バルキリーに戻れたときは喜びもひとしおというか。

井桁　ずっとバルキリーになれなかった不安もあったので、戻れたときは嬉しかったです。特に覚えているのは、33話の田﨑(竜太)組のバルカンとのアクションですね。藤田さんとも同じ気持ちでアクションをやってる姿を見て、アフレコでも気持ちが入りました。

藤田　僕は井桁くんのお芝居を特別に見に行ったという記憶はないんですけど、ジャッカルレイダーのときはアフレコを見に行きました。こっちはしっかり見ておこうと思って。それはアフレコに行って僕から何か言うってことじゃなくて、監督と井桁くんが話してることが知りたかったんです。

——そのアフレコで台本にないセリフが足されたり、何か芝居が変わったりしたことはありましたか？

井桁　何か具体的にということはなかったんですけど、現場で生まれたものだったらと映像を見てそのまま演じました。私は、ただただ藤田さんの動きを浴びて、唯阿をこうしようと思って。

藤田　逆に僕は、アフレコでの井桁くんの雰囲気を浴びられればよかったんです。だから何か明確な目的があったわけじゃないんですけど、井桁くんがジャッカルレイダーとして言ってるセリフを浴びて、それを自分の芝居に出していこうというだけで。

——満を持して、第33話でバルキリーとして復帰してからはいかがでしたか？

藤田　33話で絶対に視聴者が見たいのは「バルキリーだな」って思えるアクションと、わだかまりが解けた不破の変身するバルカンとのコンビネーションだったと思うんです。そこへ向かって淳さんが流れを組んでくれて、僕が動きで表現してということでした。バルカンと一緒に走ってサウザーに向かって行ったり、尺は短かったかもしれませんがちゃんと詰め込まれていたのかなと。

井桁　バルキリーと背中合わせでバルカンが回るとこもよかったですよね。

藤田　あれ、実は背中が付いてないんです。

井桁　え？

藤田　そう見えるけど、浅井がトランポリンで僕の背中を越えてるんです。すごいですよね。ただ、すべては唯阿の「これが私の！」へ向かうためだけのお膳立てです(笑)。

井桁　いやいや、そんなこと。でも、あのコンビネーションを見て、またバルキリーに変身できた嬉しさと不破と2人で戦える日が戻ってきたんだという感動もありました。バルキリーで好きなアクションのひとつです。

藤田　アクション的にはそこが最高点でしたね。42話の乱戦も藤井さんといっぱい話して作れたところですし、頑張れたのでよかったです。クライマックスのアクションは2日間かかっていて、撮影前から「このカットも欲しい」と淳さんと打ち合わせさせていただいて、もう少し高く飛べたらよかったなとかダメなところもありましたけど、充実したものでした。僕は演じることも好きだけど、スタッフとして入るのも好きなんです。だから、淳さんはもちろん藤井さんや監督さんとキャストの方との間に入ってあげたいと思うんですよね。……で、実は僕、今度の映画ではアクション監督補として入ってるんですよ。

井桁　え？　えー!?(※編注：取材時はまだ劇場版の撮影前)

藤田　あらためてですけど、よろしくお願いします(照)。

井桁　嬉しいなぁ(しみじみ)。今度の映画、楽しみです。ただ、もっともっとバルキリーが見たかったですね。っていうか、自分ももっとやりたいです。

藤田　じゃ、舞台化でもする？

井桁　楽しそう！　でも。私は早々に変身して、あとは客席で観てますので、バルキリーをしっかりお願いします(笑)。でも、唯阿としてもプライベートとかもっとキャラクターを広げたいんです。結局、いろんな人に抑えられて唯阿が自分を出せずにいた時間が長かったので、そこがもっと掘り下げられたらなぁとは思いますね。

藤田　『ゼロワン』って刃唯阿がやっとスタートラインに立つ物語だったのかもしれないよね。

井桁　マイナスから0になったくらいの感じですからね。でも、本当に1年間、藤田さんにはお世話になりました。

藤田　井桁くんはしっかりしてたし、よかった！

井桁　じゃあ、もう1年一緒にやらせてください(一同笑)。

永徳［仮面ライダー迅＆仮面ライダーサウザー役］×中川大輔［迅／仮面ライダー迅 役］×桜木那智［天津 垓／仮面ライダーサウザー役］

俳優×スーツアクター対談［仮面ライダー迅&サウザー編］

仮面ライダー迅と仮面ライダーサウザーの2役を担当したスーツアクター・永徳が、変身前を演じた2人の俳優と『仮面ライダーゼロワン』における共闘を振り返る、世にも稀な変身前後トライアングルトーク。それぞれの思いが火花を散らす!?

撮影◎丸山剛史（中川・桜木）、遠山高広（永徳）　取材・構成◎鳥本真也

5歳児と憎まれ役のライダー

——今回、永徳さんが仮面ライダー迅とサウザーを演じられた関係で、このような座組の鼎談をお願いすることになったわけですが。

中川　バトルだ、バトル（笑）。

桜木　ヤバいなぁ（笑）。

永徳　まぁまぁまぁ（笑）。現場でもこういう組み合わせはなかったよね？

桜木　なかったです。僕がいたら中川くんがいなかったですしね。

——だからこそ、永徳さんが2人の役を演じられたのかと思いますが、そもそもどういう経緯で2役を担当されることに？

永徳　最初は迅として参加したんですけど、迅がいなくなるってことで「サウザーがあるよ」と聞いてお引き受けしたんです。

——どっちも、というのは永徳さんからだったんですね？

永徳　わがままかもしれませんが、両方やりたいと。ただ、同時に出るときはどうする？　ということはありました……が、「同時に出てもできるんだったら、同時にやる」と、アクション監督の渡辺（淳）には伝えました。

——まずは仮面ライダー迅としての参加でした。中川さんは、あの永徳さんが自分のライダーを演じるということを知っていかがでしたか？

永徳　え？　僕、そんなポジションなんですか（驚）。

桜木　そうですよ！（キッパリ）

永徳　そうなのかぁ（笑）。

中川　僕はこれまで仮面ライダーに触れてこなかったので、永徳さんのすごさを知ったのはご一緒したあとでした。高岩（成二）さんのことも知らないくらいで……あとからお二人がレジェンドだって知ったんです。で、冬の劇場版（『仮面ライダー 令和 ザ・ファースト・ジェネレーション』）の頃はもう、永徳さんと高岩さんが2人で話してるのを見て、「あ、レジェンドが話してる」みたいな。

永徳　（笑）。

中川　最初はアクション練習にマンツーマンで付いていただいたんですけど、そのときは、めちゃくちゃ陽気なお兄さんだなっていう印象でした（笑）。

永徳　銃の撃ち方とかもやったよね。

中川　そうですね。明るく熱心に教えてくれて、これから1年間楽しそうだなって思えたんです。

永徳　僕は最初、彼のことを本当に真面目だなって思いました。一生懸命やってくれましたしね。ただ、お芝居はやってみないとわからないですけど、普段はちょっと内気な方なのかなって。

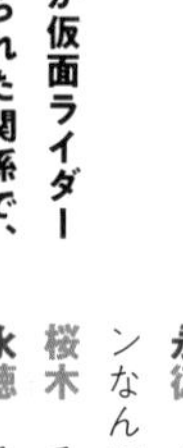

中川　基本的には内気です(笑)。
永徳　それでどういう役になっていくんだろうと思って、大ちゃんのお芝居を気にかけながら現場で見てました。1話でバグったヒューマギアを倒すところが怖かったので、ああいうのを膨らませればいいかなって、きっかけが見えましたね。
中川　迅は、杉原(輝昭)監督から伝えられた「子供っぽい5歳児」という明確なイメージがあったので、作りやすかったんです。それに、自分より永徳さんのほうがいろいろアイデアを持ってたので、永徳さんの迅を見て自分がさらに子供っぽくして、それを見た永徳さんがさらに子供っぽくして……。
永徳　最終的には3歳児になってたよね(一同笑)。
中川　最初の頃は怖さもあったけど、どんどん可愛くなっちゃって。
永徳　ただただ、楽しそうに倒す人になってたよね。
中川　それでも好印象だったらいいかって(笑)。それに、変身後にめちゃくちゃ動いてくれるので負けてられないなって。
永徳　そういう意味では、大ちゃんは何でも声を当ててくれるんですよ。僕が現場で入れた遊びの部分にも「ここも声入れてるの?」って驚きました。
中川　画面の奥で迅がちょこちょこ動いてるんですよ。滅の初変身(第8話)のときも後ろでちょこちょこしてましたよね。
永徳　お父さんだし、滅も変身して嬉しいかなって(笑)。
中川　そういうのもあって、アフレコもエキサイティングでした。あと、素の永徳さんも迅っぽいですよね?　現場でも関係ないところで助監督さんを追っかけ回したりしてて、僕より迅っぽい(笑)。

――続いてサウザーについて、お互いの印象はいかがでしたか?

桜木　僕はずっと仮面ライダーを見てきたので、永徳さんを知ってたんです。『仮面ライダーフォーゼ』のメテオも永徳さんですよね?
永徳　そうそう。
桜木　僕、メテオがめっちゃ好きだったんですよ。だから、「あの永徳さんにサウザーをやっていただけるんだ!」と思って。最初は変身ポーズを決めるときにお会いしたんですけど、僕の前でやってくれて、これがカッコいいんですよ(うっとり)。でも、プログライズキーがなかなか入らなくて、そこが可愛いという。そう、永徳さんって可愛いんです(キッパリ)。
永徳　(笑)。
桜木　出番を待ってるときは可愛いのに、サウザーになるとすごくカッコよくて、色気もあって、迅との対比も鮮やかで、すごい人だなとあらためて思いながら見ていました。迅と同じ人が演じてるとは思えなかったです。
永徳　嬉しいねぇ。
桜木　僕の垓に貫禄がないので、変身して永徳さんが出してくださってるものというのが大きくて、そこへ僕が声を乗せることが楽しくてやり甲斐がありました。
永徳　垓はとことん嫌な人だから……それまで『ゼロワン』の世界にはいなかったタイプの人間なんですよね。ワガママで、飛電インテリジェンスが超好きなのに「あんなのが社長?　ヒューマギアなんて壊れちまえ!」みたいな(笑)。

桜木　そうそう(笑)。
永徳　歪んだ嫌なヤツなんだけど、そういう人がいないと物語が面白くならないだろうって思うんです。だから、とことん悪いヤツになってやろうと。でも、ひとつの柱としては、自分の力を信じてる孤独な人。迅は滅とか仲間がいるけど、垓はそれがないからキャラクター的にもまったく違っていて、それこそ立ち姿からして違いますから、ふたつの役を演るのはやりやすいというか、全然やれますよと。
桜木　真逆だったからできたということですね。
永徳　スイッチの入れ替えもスッとできるので。役者さんが衣裳を着てメイクをするように、スーツとマスクになれば、どちらの役にも入れるんです。

――迅とサウザーのスーツに、装着感や動きやすさの違いは?

永徳　もちろん違いはありますけど、それよりは全身にお化粧をしているような感じで、自分の手足が迅だったりサウザーになっていくような感覚なんです。あと、これは大変なんですけど、僕はテストのときからマスクも付けてやるようにしていて。監督が欲しい表情ってあるじゃないですか。それはメイクをした大ちゃんだったり那智くんの顔なわけで、僕らからするとそれがマスクなんです。
桜木　アフレコでサウザーも迅も見てましたけど、セリフの言い方もまったく違っていて、迅は大輔くんの迅だし、サウザーのときは垓っぽく言っていただいて、やりやすいんですよ。
永徳　モノマネが得意なんです(笑)。僕らの仕事で得なのは、変身前の役者さんがいること。それだけ芝居の引き出しをもらえますから。僕だけで0から作り出すんじゃなくて、少なくとも最初に1もらえてるんですよね。
中川　僕らは、その1に足したものをもらえるんです。
桜木　そうそう、もらってた。
中川　相乗効果ですよね。

――迅とサウザーは、見た目で体型が違うようにも見えました。

永徳　そこはスーツの差ですかね。サウザーは体のラインが出やすくて、迅は甲冑のような作りである程度体型が隠れるんです。

迅の退場の翌週から……

――サウザー登場後、迅が復活して、永徳さんは2役になりましたが、中川さんはどのように思われましたか?

中川　そもそも自分が退場した次の回でサウザーが出てきて……そ

の変わり身の早さに、先週別れた彼女がもう新しい男に……みたいな（一同笑）。それが一番近い感覚だったんです。ただ、復活したらサウザーと一緒のシーンでは迅を優先してやってもらえるって聞いてたので、「勝ったな」と（ニヤリ）。

永徳 僕は野球のバッテリーのようなものだと思ってましたけどね（笑）。

中川 バッテリーでも次の登板でいきなり替えられてたらイヤじゃないですか（笑）。

桜木 そうそうそう（笑）。

永徳 今だから言うけど、お芝居的にオイシイほうというか芝居が重要なほうをやったんだよね。だからカットごとに担当が変わったりする日もありました。

桜木 サウザーはいろんな方がやってましたよね？

永徳 中田（裕士）がやれなかったときは浅井（宏輔）にもやってもらいましたね。浅井はサウザーの（両手を前にかざす）ポージングが好きで好きで、「やりたいです」って。で、そのポーズのときの嬉しそうな顔がもうね（笑）。

桜木 僕もそのポーズが好きで、垓の芝居に取り入れたんです。

永徳 人類をひれ伏させるような感じがするんですよね……って言ってるんですけど、実はあれ、宝塚の振りからいただきました。

中川 迅は永徳さん以外、やられてないですよね？

永徳 そうだね。逆に迅はできないですよ、きっと。最初の迅もそうだけど、復活してからの迅も性格が違うから、まずそこから作っていかないといけない。出番としても被ることはあまりなかったんです。ゼロワンとの共闘（第31話）も迅を立たせないといけないところだったしね。

——普段のお芝居で影響を受けたところはあったんですか？

桜木 ありました。サウザーがゼロワンを助けに行くシーン（第38話）は、永徳さんの芝居を見て上乗せさせていただきました。

中川 僕は最初の頃、5歳児を体現しきれてなかったところがあって。永徳さんは自分のお芝居を尊重してくれるんですけど、「そういうおとなしめな方向で行くの？」って聞かれたんですよ。それって永徳さんの思い描いてる迅はもっと無邪気で明るいのに、自分の迅と違っていたから合わせてくれるのかなって。だから、僕が思い描く迅を永徳さんが目指してる迅と近づけたくて、もっとガンガン動くようにしましたね。

——再登場した迅はガラッとキャラが変わりましたが、そこはどのように合わせていったんですか？

永徳 上堀内（佳寿也）監督からは「18歳のレジスタンスリーダー」という提案があって、それでやってみようかと。大ちゃんのお芝居を見つつキャラクターから作っていくのもいいんですけど、まず僕から1出して、そこからどうやってもいいよと。

桜木 そこはお互い1年間同志のような関係で、永徳さんがこういう芝居をしたから僕はこうしようという感じでした、僕も。それで、最後のほうは「つながった」という感じもしましたね。

永徳 最後のトンネル（第43話）のところもよかったよね。撮影日が変わったから、僕がサウザーをやれたんだけど、最初は高岩さんがやるかもしれなかったんだよ。

桜木 えぇぇぇっ!!

永徳 前の日、高岩さんに「お願いします」って挨拶までしてたんだけど、雨で中止になって。

桜木 最後の変身でもあったのでよかったです。ただ、高岩さんのサウザーもちょっと気になりますよね（笑）。

永徳 僕も気になってた。見たかったもん（笑）。

バーニングファルコンが一番カッコいいですよね。（中川）サウザーも負けてないよ！（桜木）

迅愛とサウザー愛

——ところで、中川さんと桜木さんはやはりご自身のライダーが一番好きなんですよね？

桜木 そりゃあ、もちろん。

中川 バーニングファルコンが一番カッコいいですよね。

桜木 サウザーも負けてないよ！

中川 子供へのアンケートでも一番がバーニングファルコンだったって。理由が「赤いから」（笑）。

桜木 赤くてメタリックで……いいなぁ（笑）。

——いや、金色もいいですよね？

桜木 僕は金と紫が好きなんですけど、自分がゴールドのライダーで、しかも唯一プログライズキーをふたつ挿せるので、そこはもう誇らしいですよね。

永徳 あの変身ポーズは那智くんだけしかできない。

桜木 僕だけパワーアップしてないんですけど、変身ポーズはちょっと変えたんです。心情の変化で少し変えていて、自分が追い込まれて負けたくないという気持ちを拳に込めたりしたんですけど、あまり映ってなかった（笑）。

——中川さんと桜木さんから見た、永徳さんのベストなシーンを挙げていただけますか？

桜木 全部です（キッパリ）。

中川 僕はサウザーと戦ったときがよかったですね。

永徳 炎のリング（第27話）ね。

中川 復活した迅の力強さが出ていて、キャラも立ってるし、ありがとうございます！という気持ちでした。僕自身、キャラがブレていたので、あのパワーを見せてもらったことで迅が一気に立ったなって。アフレコする前、永徳さんから映像を見せていただいて、それもまたカッコよかったし。とにかくサウザーより弱いって思われたくなかったんです。だから、アフレコではできるだけ声を入れないようにしてました。声を入れないほうが強く見えるんですよ。

永徳 へぇ。

中川 無言で戦ってるほうが強く見えるって監督さんから言われたんです。だから、あのときのアフレコは、那智くんより声を入れてたまるかと思ってやってました。

桜木 あそこは僕もカッコよくしたかったんですよ。あのサウザーは永徳さんじゃないので、その分負けてられないなって。また、浅井さんのサウザーは蹴りがキレイなんですよね。

永徳 めっちゃよかったよね。浅井のサウザーへの思いはありがたかったです。

――浅井さんはバルカンだとサウザーにやられることが多かったような。

永徳 あのとき、サウザーにやられるバルカンは浅井がやって、迅が出てくるところからは迅が僕、サウザーが浅井で、けっこうゴチャゴチャしてたんですよ。

中川 あと、迅は再登場したときの手の動きだけで羽根が伸びるのとか、30話で或人に声をかけるところとかもよかったです。5歳児の頃の迅は、飛び跳ねてるところですね。子供っぽいけど戦い方がエグいんですよね。

永徳 子供ってけっこうエグいじゃないですか。だから、壊れても知らないとか、加減がないってことを意識しながらやってました。

――では、お互いへのエール交換という意味もこめて、中川さんから見たサウザー、桜木さんから見た迅のベストは？

中川・桜木 (しばし沈黙)

桜木 ……バーニングファルコンが最初に出てきたときはマジでカッコよかったですね。

中川 ……サウザーが魅力的なのって、基本的にひどいことをしてるときなんですよね。消防士対決(第26話)のときの、或人を付け回すしつこさといやらしさがサウザーのキャラなのかなって。

永徳 そうだね(笑)。僕もサウザーはひどいキャラでやりたかったんですよ。だから、残念ながら子供からの人気がまったくなくて。でも、何を正義とするかは人それぞれで、サウザーは強さがすべてですから。だから、メタルクラスタホッパーが出たときは嫌だったなぁ。アークの意思を或人にぶつけたはずなのに、それで自分がボコボコになっちゃうんだからね。

中川 迅もアークゼロにはやられましたけど、そこでもタフさ、やられてるけど負けてないという気持ちが感じられましたね。

桜木 垓はあれでも気持ち的には負けてないです(キッパリ)。

永徳 ボロボロになっても「触るな！」っていうのが好きだった。もはや、制作陣はアレが聞きたくてサウザーをボロボロにしてるんじゃないかって(一同笑)。そこはもう、自分のプライドが折れない限りはやられてないという意識で僕も作っていきましたね。すごくやられてるんだけど、でも絶対に「やられてない」って。

――続いて、永徳さんから見たお二人の芝居についてうかがえれば。

永徳 迅は前半と後半で分かれるんですけど、前半の無邪気な迅のときは、大ちゃんのようにカッコいい人が無邪気なことをするとそれだけで反則じゃないですか。だから、「おじさん、それできねーよ」って(笑)。

中川 いやいや。

永徳 でも、それを変身後も引き継ぎたいから、大ちゃんのお芝居を見て、カッコいいけど可愛いだけじゃなく、アクションとして狂気を足して頑張ろうと思ってました。後半は、まず衣裳が「ヤバくね」っていうくらいカッコよくて、無邪気さはなくなって静かだけど芯はしっかりとして目的を持って、というのを出せたらいいなと。独り立ちできる迅を大ちゃんの芝居を見ながらイメージして、そこで立ち姿を変えました。スラッとですけど、サウザーとは変えて斜に構えたような感じで。一方、サウザーはわがまま放題、やりたいことを突き通す人。それに、外に出たら日傘を差していて、なんだこの人？と(笑)。そういうエキセントリックなキャラを那智くんが魅力的に演じてくれました。立ち姿のときに、手の芝居をよくやるよね？

桜木 やりますね。

永徳 手に感情が乗ってるのをよく見たからね。

桜木 僕は腕組みとかして貫禄を出そうとしてたんですけど、他の動きで永徳さんの持ってる色気をどうやって出そうか考えてました。僕が40代になったとき、垓はもう一度やってみたいですね。どんな貫禄が出せるだろうって。

永徳 迅も垓もあまりやったことがないキャラだったので、1年間楽しかったです。

――そこはもう、どちらにも思い入れが強いわけですね。

永徳 もちろん。迅もサウザーもそれぞれ本当に違う魅力があって、どっちも好きなんですよ。そうじゃないとどっちもできないし、どちらかが好きだと片方がおろそかになっちゃいますからね。スーツに関してだったら、武器の扱いやすさは迅、視界のよさはサウザーって言えますけど(笑)、キャラクターとしては1年間に2役やらせていただけて、嬉しくて嬉しくてしょうがなかったです。今まで取材もいろいろ受けてきたけど、こういう鼎談もなかったから、それもまあ面白かったし。

中川 二度とないでしょうしね。

桜木 僕も永徳さんとご一緒させていただいて嬉しかったです。

中川＆桜木 本当にありがとうございました！

永徳 こちらこそ！ ……とりあえず、今後はこんなにヒヤヒヤする取材がないことを祈ります(一同爆笑)。

迅もサウザーもそれぞれ本当に違う魅力があって、どっちも好きなんですよ。(永徳)

HOROBI × SEIJI TAKAIWA

たかいわ・せいじ：
1968 年 11 月 3 日生まれ。埼玉県出身。スーパー戦隊シリーズでニンジャレッド、タイムレッドなどを担当し、その後、『仮面ライダーアギト』より平成ライダーシリーズに参加。以降、最新作『仮面ライダージオウ』に至るまで、『仮面ライダー響鬼』以外の作品全てで主役ライダーを担当した人呼んでMr.平成ライダー。本作で悪のライダーを演じ、新境地を拓いた。

JIN × EITOKU

えいとく：
1978 年 1 月 16 日生まれ。千葉県出身。『特捜戦隊デカレンジャー』デカブレイク役、『仮面ライダー電王』ウラタロス役、『仮面ライダーキバ』仮面ライダーサガ役などを経て、『仮面ライダーディケイド』の仮面ライダーディエンド役で2号ライダーを担当。以降、数々の作品でサブライダーを演じる。現在は『仮面ライダーセイバー』で仮面ライダーブレイズを担当。

高岩成二×永徳

［仮面ライダー滅 役］ ［仮面ライダー迅&仮面ライダーサウザー役］

ZERO-ONE SUIT ACTOR CROSS TALK

滅亡迅雷.netを率いる仮面ライダー滅と、その〝子〟にあたる仮面ライダー迅——これまで平成仮面ライダーシリーズで1号ライダーと2号ライダーの立場で多く共演してきた2人が、今回は敵側のライダーとして初コンビを結成！ さらには滅VSサウザーとして真っ向勝負した『ゼロワン』での激闘を語り合う。

撮影◎遠山高広　取材・構成◎山田幸彦

ワルでコンビを組むのは初

——今回はお二人とも悪の仮面ライダーを演じられましたが、いかがでしたか?

高岩　新鮮でしたね。永徳もこれまでがっつりワルをやることはなかったもんね。

永徳　最初からレギュラーではないですね。終盤から出てくるとか劇場版のゲストとかは何回かありましたけど。

——高岩さんも1号ライダーを演じる中で力を抑えきれずに暴走してしまう展開はありましたが、悪側で1年間というのは初めてで。

高岩　そうそう。『ビルド』のハザードトリガーに代表されるように、暴走形態的なものはあったんですけどね。実際、縄田も『ゼロワン』後半でやってたように、主人公が暴走しちゃうという展開は多めではあったので。

——滅と迅は親子設定が途中で明かされ、クールな滅に対してひたすら子供っぽい迅という対照的なコンビでした。

高岩　子供って、永徳にしては珍しいキャラだよね。

永徳　迅は5歳で兼役のサウザーは45歳で、ギャップが激しかったです(笑)。

高岩　確かに、永徳のああいう芝居は初めて見た気がするなぁ。ちょこちょこ動いててじっとしてない(笑)。

永徳　子供なキャラってやったこともないし、どうなんだろうと思ってやってみたら、意外と子供過ぎたかな?とか、いろいろ試行錯誤してました。

——滅の初変身の際、後ろですごく喜んでる迅などはエネルギッシュで、その子供っぽさを象徴するようなお芝居ですよね。

永徳　後ろからひたすらワーワー言ってましたね(笑)。

高岩　テストで僕は正面を見てましたから、「後ろがうるさいけど何やってんだろう……」って思ってました。カットがかかって振り向くと止まってましたから(笑)。

永徳　5歳児って有り余る体力をずーっと放出してるイメージがあったから、常に何かやってないといけないかなって。学び途中の子供だから何にしても好奇心があるということで、初変身へのリアクションはああいう形にしたんです。

高岩　現実の5歳児って意味もなく走り回るから(笑)。

永徳　あと、一度楽しいと思ったことはエネルギーが切れるまで延々やるじゃないですか。付き合ってる大人は「もういいじゃん!」って思うんですけど(笑)。そんな迅とは対照的に、滅は多くを語らないキャラだから、そこがすごくカッコいいなって思ってましたよ。

——滅は滅亡迅雷．net司令塔としてしっかり立ってなければいけませんからね。

高岩　台本を一読してそういう立ち位置だなっていうのはあったので、そのへんは砂川(脩弥)とも考えているところは一緒だと思い、クールなキャラの重さを意識してやってました。

——滅と迅は親子関係でもありましたが、それぞれ親子らしさは意識されていたのでしょうか?

永徳　僕の場合、とにかく滅が絶対的な存在で、尊敬してる、信頼してる、自分の行動の最終決定権は滅にある、みたいなイメージでした。前半はすべて「滅に言われたからそうしている」ですからね。だって親が言ったんだもん! みたいな。だからって、あんな悪いことをしていいわけじゃないんですけど(笑)。

——確かに(笑)。

永徳　後半の迅に関しては、アークに対する考えとかが違ってるし、確固たる自分の意志も芽生えているけど、そんな中でも父親としての滅というのも忘れてないと思うんです。自分なりの解釈なんですけど、そこも大事にしたかったですね。親子の絆を意識していたというか、親は距離が離れていても自分の中にひとつの基準として存在している、みたいなところあるじゃないですか。そういうことは考えていました。

高岩　逆に僕は、蓋を開けてみればそこまで意識しなかったんですね。というのも、オンエアを見ると、親子というよりはちょっと年の離れた兄弟かなという感じもあったりして。そこは、物語の中で1話くらい、父親として、息子として接し合うお話があったらよかったかなと。

永徳　変身前の役者の2人の年齢的にも、確かにそういう意味では兄弟のほうが当てはまりやすいかも。迅としても「親だ!」とは口に出してないですからね。

高岩　あと、親子を意識しなかった理由として、変身後で横並びになることがそんなになかったからというのはあると思います。親子っぽい描写は変身前のほうに集まってたというか。滅が途中で拘束されていて、その間に迅が頑張るという流れもありましたしね。

永徳　確かに、お芝居で絡むことはそんなになかったですからね。

高岩　機会があるかわからないけど、最終話以降のお話で2人の親子感がある絡みがもう少し掘り下げられたらいいよね。

高岩さんとの立ち回りは、とにかく楽しい！

——永徳さんはサウザーも演じられていたので、迅とサウザーの両方が登場する回では、より目立つほうを演じられたそうですね。

永徳　はい。物語的にオイシイほうを優先でやってました(笑)。高岩さんに関係することで言うと、サウザーで滅と戦わないといけないときはすごく楽しみで、ワクワクしながらやらせてもらいました！　平成ライダーで1号と2号を演じてた頃もそうですけど、こうして仲間同士の立場になると、いがみ合うことはあってもガチで戦うシーンはなかなかないじゃないですか。だから、高岩さんと拳で語りあえるのは、本当に貴重な機会だと思いました。

——高岩さんと立ち回りをするときは、どこに楽しさを感じられていますか？

永徳　具体的にどことというよりも、直感的に〝楽しい〟と感じるんですよね。もちろん仲間としてお芝居で絡むのも面白いんですけど、アクションはもっとかな。

高岩　実際、僕も楽しかったですね。付き合いが長いだけあって呼吸がお互いに合うというか。ＪＡＥにはたくさんプレイヤーがいるので、その中にはどうしても呼吸が合わない相手だっているんです。そういう相手と立ち回りをやると余計な疲労感も増してしまいますが、逆に合う人間が相手だと、どこのタイミングで次の手が来るかとか、不思議とお互いに察することができるんですよ。まあ、この瞬間で永徳とウマが合うと確信した！とかそういうのはないですけど(笑)、気付けば阿吽の呼吸になっていたというのかな？全部読めるようになる。まあ、若手の頃はほんとにめちゃくちゃだったんですけどね。

永徳　それ、僕が初めて役をもらった頃じゃないですか！(笑)

——それ、『仮面ライダー剣(ブレイド)』の頃ですね。

高岩　ためらうよりは向かって来てくれるほうがこちらとしては助かるんですけど、あの頃の永徳はとにかくガムシャラに突っ込んで来るもんだから、「待って待って！ちょっと落ち着こ？」みたいな(笑)。

永徳　ありましたねぇ(しみじみ)。

高岩　それから15年くらい経ちますからね。最初に立ち回りをした頃だと反りが合うとか合わない以前の問題だったのが、今では「あ、ここで来るのね」とかすぐわかるようになっていて。

——そう考えると、お二人の付き合いも非常に長いですよね。

永徳　『龍騎』『555(ファイズ)』の頃は僕がまだ補助で、『響鬼』のときは高岩さんが『マジレンジャー』に行ってたからご一緒してないけど、それ以外はほぼずっとですよね。

高岩　『カブト』の辺りから横並びが多くなってったよね。

永徳　あのときはキックホッパーの役で、敵対することもあるけどライダーでしたから並ぶこともあって。……いやー、長いですね！　まあ、それだけ付き合いがあると、なんとなく高岩さんの演技の感じはわかってくるものなんですが、それでもやっぱり『ゼロワン』で悪い立場のライダー、やられる高岩成二を見られるのは新鮮でしたね(笑)。

高岩　でもそれはさ、メインのライダーをやってるときだってボロクソにやられることがあるじゃない？

永徳　やられるシーンはあるけど、最終的には勝つじゃないですか！

高岩　まあ、それはそうか……(笑)。確かに、最終回でライダーキックを食らって負けるっていうのは初めてだからね。そこは俺も台本を読んだときに変な感覚があったもん。

永徳　20年も正義側として戦っていれば、そりゃそうなりますね(笑)。1号ライダーのときにライダーキックを食らったこと自体はあるけど……。

高岩　それでも今言ったように、主役な以上、俺が最終的にはパワーアップして勝つ展開になっていくから。

——最終的に負けるというのは高岩さんとしては大きかったと。

高岩　「俺、もうこういう立ち位置なんだなあ……」っていうしみじみした気持ちはありました(一同笑)。最後はラスボスを倒してハッピーエンド、1年間ご視聴ありがとうございました！　というのが例年おなじみの展開だったんですけど、今回初めて完膚なきまでに叩きのめされて。

永徳　そうしてやっつけられる側なわけですけど、だからこそカッコよくというか、「爪痕をどこかで残してやろう！」っていう気持ちはありました？

高岩　うん。滅はカッコいい存在ではあるからね。ゼロワンと信念が違うだけで完璧な悪ではないし、そこを伸ばそうとは思った。

重厚な悪役に必要な芝居とは

——そういった気持ちは、やはりヒールとしてキャスティングされた瞬間から？

高岩　そうですね。仮面ライダー滅の役をいただいたときは、こうなったからには絶対に目立ってやろうと思って。映像ではもちろんだし、オモチャから何まで滅一色にするぞ！　くらいの。

永徳　オモチャまで!!(笑)

高岩　どうせやらせてもらうんだったら、ゼロワン人気より滅人気を確立させてやろう！　という邪な気持ちがね(笑)。

——縄田(雄哉)さん演じるゼロワンに、具体的にはどのような手段で対抗していこうと思われていたんでしょうか？

サウザーの演技とかを見ると本当に上手になったよね。(高岩)

やられる高岩成二を見られるのは新鮮でしたね(笑)。(永徳)

高岩　縄田も彼にとって初1号のゼロワンを真っ向から演じてるじゃないですか。だから、アクションシーンなんかでは常にものすごいパワーを感じるわけですよ。で、僕としてはさすがにそのパワーに正面から当たって勝てる自信がないわけです。だから、とにかくお芝居で食ってやりたいなと思ってましたね。

――滅は迅ほど口数の多いタイプではない分、間を意識した演技が要求されたのでは？

高岩　そうですね。ただ、間に関しては滅に限らずいつも気にしてるんですよ。ちょっとした振り向くカットでの間とかスピードだったり、小さな動きや佇まいにどういう感情を込めるか、そのシーンのニュアンスを間で表現できるか、とか。あとは、絡んでお芝居する相手がいる場合でしたら、その人との空気の間も意識するようにしています。

永徳　高岩さんの芝居の話で、今思い出しちゃいましたよ。高岩さんが『マジレンジャー』でマジレッドをやっていたとき、僕は『響鬼』の現場に入ってたからオンエアで初めて高岩さんの演技を見る形だったんです。レッドと、あとはレッドが変身する巨人のマジマジンをやってるのは知ってたんですけど、マジマジンがちょっと首を動かす芝居をしただけで「ちゃんと変身前の小津魁がそこにいる！」って驚いたんですね。あそこで、高岩さんは本当にすごいなって……以上、ただのファンの話です(笑)。

高岩　よく覚えてるな(笑)。でも、永徳はそうは言うけど、サウザーの演技とかを見ると本当に上手になったよね。

永徳　ありがとうございます。いままで現場で先輩たちの動きのものまねばっかりやってましたからね！　そう言ってもらえると、やっと自分の動きができるようになってきたのかなと。

高岩　サウザーってほとんど動きがないのが難しいんだよね。滅もそうだけど、そういうキャラクターを演じてると不安になってきて、どうしてもちょっとした動きで表現したくなるんですよ。ただ、そうすると途端にキャラクターが安っぽくなってしまったりして。そこでいうと、永徳のサウザーは小細工抜きでやっていて、いいなって思いました。

――サウザーも滅もですが、重く鎮座しているキャラのほうが難しいものでしょうか？

永徳　この仕事は顔の表情が出せないので、どうしても難しいと思いますね。面(マスク)の表情自体は変わらなくても、お話の中で心情は変わっていくから、それが表現できないと納得してもらえないじゃないですか。そこをどう埋めて、お客さんが面や動きにキャラクターの心情や表情を感じ取ってくれるのかは、みんないつも考えていることです。

新たな武器でこれからの戦いに臨む！

――現在ではお互いのことをそれぞれどのような存在だと感じられていますか？

永徳　高岩さんが仮面ライダー以外の作品に出ていて、それを自分が観る立場になるとこそばゆいというか、身内の人がテレビに出てる感じがして不思議な気持ちになります(笑)。僕からしたら兄貴みたいな存在なんですけど、そんな身内の兄貴がテレビ出てるとちょっと嬉しい反面こそばゆい感じがあったりして。あと、高岩さんがやってらっしゃるワークショップがあって、初期の頃にお手伝いに行かせてもらったりしたんですけど、そんなときも現場では見られない高岩さんの一面がわかったりして、いろいろ高岩さんと接する機会がある中でその振る舞いを見ていると、自分ももっと勉強していかなくてはなと思わさ

れますね。常に尊敬の念が止まない人です。

高岩　止むだろ(笑)。

永徳　尊敬の念が止まない！

高岩　なんで2回言う(笑)。

——高岩さんはいかがですか？

高岩　別に持ち上げるつもりもないですけど、永徳はエンターテインメントの男だなって思うことがありますね。イケメンですし、いろんなことにすごく興味を持って、それを吸収して仕事に持ってくる。羨ましいくらいエンターテインメント志向だな、器用だなって。そういうこともできるんだって驚かされっぱなしですから。とにかく流行り物にはすぐ喰らい付くんですよ。今、ちょっと借りっぱなしなんだけどセグウェイとか(笑)、あとはギターとか、羨ましいくらい趣味を持ってますね。

永徳　最近だと宝塚にハマっていて、公演のブルーレイを買って観たりしてますね。宝塚、めっちゃいいっすよ！

高岩　こうして、気付けば脈絡なく新しい趣味を持っていることを報告してくるんですよ(笑)。

永徳　そんな宝塚要素をサウザーのポージングに取り入れたりもします。

高岩　そう。その趣味がキャラに活かされるときがあるのがいいよね。エアガンの趣味があるから銃の構えもスッと決まるし、いろんなことに対応できるのがいいなって思う。僕は聞かなきゃわからないんで。永徳は今、年齢もいい頃合いで、いろんなものを吸収できると思うし、羨ましい限りです。

永徳　20代、30代で今みたいな感じだったら、もっとよかったんですけどね。40代になった今、「いろいろやっとかないと！」ってすごく思うんですよ。

高岩　それは思うよね！　30代の頃、もっと元気あったなって。

永徳　僕、もう42歳ですよ。

高岩　その歳だと、俺は『オーズ／〇〇〇』とかの頃だ。

永徳　やめましょうか、高岩さんが出演してた作品で歳を計算するのは。僕と違ってカッコいいのしか出てきませんよ(笑)。

高岩　(笑)。あのときの永徳は32歳かな？

永徳　そうですね。32歳はまだ無限に可能性が見えてました。何でもできるっていう。

高岩　あぁー、俺もそういう頃あったけど、今はもうできない！(笑)。俺は40半ばから一時期アクション嫌いになってたからね。現場に来るのが嫌で、アクションしたくないって。

永徳　それはなんでですか？

高岩　現場に来て衣裳を着始めると身体に拒否反応が起きてたんだよね(笑)。で、やり出すとスッキリして、いつも通りやれるようになるっていう。テンションが上がるまでに時間がかかってた。

——その点、今年は新しい境地にチャレンジということで、テンション的にもよかったわけですか？

高岩　新鮮だったので、そこで気落ちするなんてことはまったくありませんでしたね。ただ、現場に行くと目に入るものがあるので、別の感情が湧いてきました。

——それはどういう？

高岩　若手が「よろしくお願いしまーす!!」って、一生懸命トランポリンで跳ねたり派手にアクションをやってるの見ると、今の僕にはそこまでストイックにやる元気というかパワーがないなぁって(笑)。なんか視界からもそういう情報が入ってくるし、そんな若手たちと比較して自分の体力が落ちてるのも自分で動いててわかるし。

永徳　まぁ、だからこそ違うものが出てくると思いますけどね。

高岩　もちろんそうだね。ここまでやってきた中でまだ若手たちが持ち得ないものは手に入れてきたつもりだから、体力は確かに落ちてるけどギリ勝負できるものはあるかなって。まぁ、本業はアクションなんだから、アクションもできないといけないんですけど(笑)。僕も勝負できる限りはしていきたいと思います。それで言うと、縄田や永徳の年代は今一番バランスが取れてて、脂が乗ってる時期じゃないでしょうか。

永徳　さっきの話みたいに、今の自分の歳の頃、高岩さんはあのライダーであんな芝居をやってたのか！と思うと、その違いにガックリすることもあるんですが(笑)、少しでも自分の技で勝負できるよう僕も今後、これまで以上に力を入れてやっていきたいです！

高岩成二［仮面ライダー滅 役］

ZERO-ONE SUIT ACTOR TALK

前作まで主役ライダーを演じ続けてきた高岩成二が、本作では最終的にラスボスとなった敵側のキャラクター＝仮面ライダー滅を担当！ ヒールに転向し新たな境地に至ったMr.平成ライダーが、令和ライダー1作目の現場で感じたこととは？

撮影◎遠山高広　取材・構成◎山田幸彦

呼吸での芝居が封じられたヒューマギア

――悪役の仮面ライダー滅は、これまでの1号ライダーと比べ演技の制約は少ないのでしょうか？

高岩　いや、自由があるかないかで言うと意外とないですね。どうしてもコミカルな部分が出せないキャラですから。メインライダーだと年間通してどこかでコメディタッチな話が入りますけど、それがなかったので。でも、滅でもやりたくなっちゃうんですよね。ここでこんなことしたら面白くなるかもしれないなって。序盤の迅みたいなタイプだと、もっとやりたいことが好きにやれたのかもしれません(笑)。

――常にクールなキャラクターだから、そこは難しいですよね。

高岩　過去の作品にあったネットムービーみたいな、本編とは切り分けられた作品だと面白いことができてよかったかもしれませんけど。あと、ヒューマギアということで、基本的に感情が存在しないキャラだったのも難しいところですよね。これが人間ならクールキャラであってもちょっととぼけた一面を見せたりすることがあるじゃないですか。だけど、滅でそれをやると、ヒューマギアじゃなかったの!? となってしまうから。

――劇場版『仮面ライダー 令和 ザ・ファースト・ジェネレーション』で演じられた仮面ライダー1型もヒューマギアのキャラクターでしたね。

高岩　そうですね。或人のお父さんで、息子と対決するという。こちらも崩して遊べるタイプではありませんでしたけど、ああいう役どころも初めてだったので楽しかったです。

――シリアスなところで言うと、後半の滅は自分の中で生まれた感情に葛藤している一面がありました。そちらに関しては？

高岩　滅は人間を認めたくない気持ちがあるけど、それって結局感情じゃないですか。自分の中に感情が生まれたことで矛盾が生じ、それに戸惑いを受けるというところを砂川(脩弥)が表現してくれてるんですけど、なるべくそれを変身後に反映できればいいなと。

――砂川さんの動きから取り入れた部分は？

高岩　佇まいですかね。着ているものが違うので厳密には変わってくるんですが、彼が変身する前の佇まいをライダーにおいてもなるべく見えるようにしようとしてたので、見られるときは現場でずっと芝居の間とかを見てました。

――砂川さんはあるインタビューで、変身後の滅を見て「自分がいる！」と思ったと語られていましたね。

高岩　そう言ってもらえると嬉しいです。彼もそこまでお芝居経験がないから、前半は盗みどころをどこにしようかな？ と思っていたんですけど、後半はどんどん力を付けて滅を確立してましたね。特に、後半は目力がすごく出てきたなって感じました。ヒューマギアなので、ギラつきの中にも冷たさというか無感情さを込めていて。そして、回を重ねるごとに目にも感情が生まれてくる部分に成長を感じました。今回は砂川に限らず、滅亡迅雷.netの方々は難しかったでしょうね。設定上、感情を出し切れないところが。

――変身後においても、そういったヒューマギアならではの難しさはありましたか？

高岩　普通なら怪人でもライダーでも、戦いが激しくなると呼吸が荒くなるじゃないですか。でも、ヒューマギアなら呼吸してないはずなんです。とはいえ、僕は生身の人間なので(笑)、どうやっても呼吸しないといけないし、そもそも追い詰められてることの表現って呼吸が大事になったりするんですよ。だから、カメラワークなどで苦戦してる雰囲気は作ってもらえているけど、そこの縛りが難しかったかな。まあ、最終回はそんなことも言ってられなくて、「もう感情を持ってるし、呼吸くらいしてもいいだろ!?」という感じでやってます(笑)。あと、滅で大変なことというと衣裳ですかね。分厚い生地で出来てるから、夏はなかなかしんどいんですよ。砂川の芝居のあとに僕が吹き替えをするときなんかは、「すみません！ 思い切り汗かきました！」「大丈夫！ 俺もどうせ汗ビッショリになるから！」みたいな会話が2人の間であったりして(笑)。

みんながハイテンションだった最終回の現場

――最終回のゼロワンとの1対1は、非情に激しい立ち回りで見応えのある内容でした。

高岩　アクション監督の渡辺(淳)はこれまでの平成ライダーのアクションスタイルとはまったく違うテイストの立ち回りを作っていて、やるのは大変でしたけど、完成した映像を観ると頑張った甲斐があるクオリティになっているし、とても楽しかったです。

――渡辺さんはテレビシリーズのメインアクション監督を本作で初担当ということで、パイロット(第1・2話)を筆頭に最終回に至るまで、その気合いの入りぶりが随所で伝わってきました。

高岩　途中、「大丈夫？　疲れてない？」って思っちゃうくらいでしたよ(笑)。渡辺にとっても濃い1年だったと思うし、それを周りがしっかりサポートしてあげようって構えていたから、『ゼロワン』のアクション部はいい雰囲気がありましたね。

――今回、メイン監督を務めた杉原(輝昭)さんの演出で高岩さんが芝居するのは、『仮面ライダージオウ』のアギト編(第31・32話)以来だったと思いますが、こちらに関してはいかがでしたか？

高岩　杉原監督は自分たちの意見だったり想いだったりを尊重してくれて撮ってもらえるので、ありがたくもあり楽しくもありという感じです。監督の意向もあるんですけど、こちらの気持ち次第でセリフをある程度まで変えさせてくれたりするんですね。ただ、こだわりはとても強くて、1テイクでOKを出すことはあまりないタイプです。だから、「今のイケたかな」と思ったら「もう1テイク」って言われて、「おっ！　まだ行くか!?」って思ったり(笑)。

――変身後のお芝居においてもこだわり抜かれるわけですね。

高岩　納得いかなければそれなりのテイクを重ねますね。でも、素面の役者さんは要求に応えるのがもっと大変だったんじゃないでしょうか。やっぱり、いい画が撮れてももう1テイク行ったらもっといい画になるんじゃないかな？と感じる気持ちはわかりますしね。

――今回、平成ライダーとしては初パイロットにして最終回を初演出ということで、撮る側からすればさらにその気持ちは強くなりますよね。

高岩　これまでの平成ライダーで最終回を撮った監督たちのことを羨ましがってましたよ。「こういうのをみんな撮ってたのか！」って。

――最終決戦では、変身して変身解除してさらに変身という流れがありましたが、そこの気持ちの繋げ方に

立ち位置的に、これまでにない視点から現場を見ることになりました。(高岩)

難しさはありましたか？

高岩　まあ、難しいですよね。ゼロワンと戦ってる最中に変身解除して砂川にバトンタッチとなると、戦ってる最中のテンションだったり心情だったりを砂川に渡さなきゃいけないので。で、そのあとに変身してまた変身解除して向かっていかなきゃいけないから、砂川に対しては「ここで気持ちが落ちちゃダメだよ」とアドバイスしました。暑くて体力的に大変な中、なるべく一発目で決めたほうがいいところで(高橋)文哉くんも砂川もてこずっちゃってたけど、最終的にはとても素敵なシーンになっていたのでよかったんじゃないかなと。

後輩にバトンタッチしつつ楽しんだ新たな役

──『ジオウ』までは主役ライダーの宿命で、どんどん派手になっていく最終フォームでの演技に苦労している様子でしたが、今回の滅ではその問題から解放され、芝居やアクションがやりやすかったのではないでしょうか？

高岩　それはありましたね！　最終形態(アークスコーピオン)も従来の滅(スティングスコーピオン)以上に動きやすくなってました。でも、縄田のゼロワンが最後も随分スタイリッシュだったので釈然としませんでしたよ。お前も去年までの俺みたいになんか背負えよ！　みたいな。……いや、縄田はまったく悪くないんですけど(一同笑)。

──今回は全体的にライダーのデザインがスリムにまとまっていたからこそ、あのような立ち回りを行えた部分がありますよね。

高岩　確かに、今回の展開をゴテゴテとしたスーツでやるのはちょっと厳しかったかもしれません。

──滅を1年間演じて、現在の心境はいかがですか？

高岩　佳境になってきたら新番のほうに行くことがこれまでは多かったんですけど、それだと余韻も何もないですからね(笑)。『ジオウ』も『ゼロワン』も最後まで自分でケジメをつけられたのはよかったです。現場で砂川と文哉くんの芝居を見ることもできましたし。

──敵役の役者さんと密な交流の機会があったのも今回ならではですよね。

高岩　1号をやってるときにはなかったことですね。もちろんこれまでの作品でも現場は一緒だし、お話はするんですけど、ここまでは初めてで。逆に1号ライダーである文哉くんを始めとした、いわゆるヒーロー側のレギュラー陣とは基本そこまで交流する機会がなかったんですけど。

──そういう意味でも、本当に新鮮なことの多い1年であったと。

高岩　そうですね。立ち位置的に、これまでにない視点から現場を見ることになりました。撮影スケジュール的にも現場に付きっきりではなくなりましたし、現場自体も若手が増えて様変わりしていたので、なんだか人様の家にお邪魔しているような感覚もあったりして……。別にアウェー感はないんですけど、アクション部の核の部分は若手にバトンタッチできたかな、という気持ちがあります。

──とはいえ、まだまだ後進に負ける気はありませんよね？

高岩　もちろん！　なので、今後もどんどん今までの役にはない要素を持ったキャラを演じていきたいです。

A hero's day knows no night.

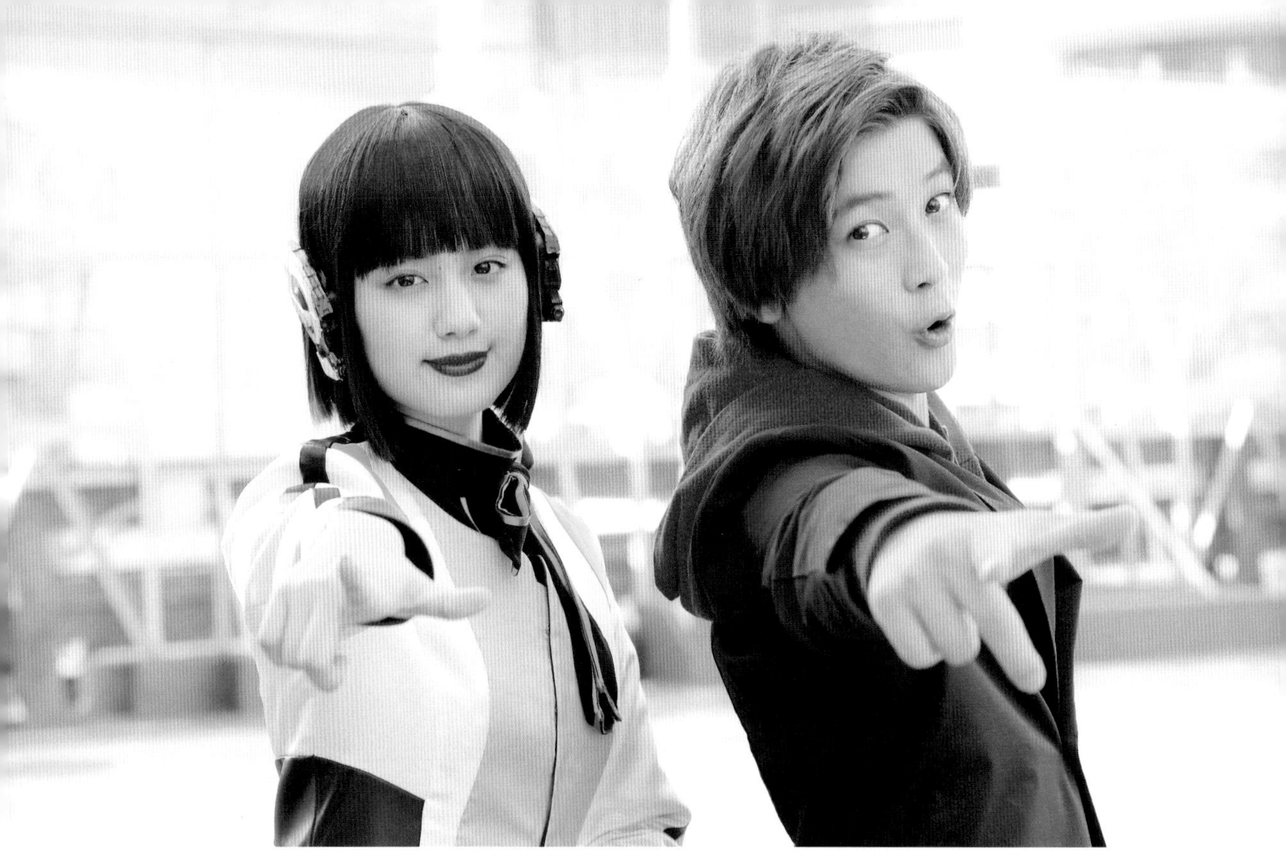

きみはぼくを照らす光 仮面ライダーゼロワン aruto ja naito book

発行日　2020 年 12 月 4 日　第1刷発行

発行者　太田歳子
発行所　株式会社リブレ
〒162-0825 東京都新宿区神楽坂 6-46　ローベル神楽坂ビル
電話 03-3235-7405（営業）　03-3235-0317（編集）　FAX 03-3235-0342（営業）
印刷所　三共グラフィック株式会社
装丁・本文デザイン　上田由樹（リブレデザイン室）
本文デザイン　福山恵子（move on）／土井敦史（HIRO ISLAND）
カメラマン　丸山剛史／真下 裕（Studio WINDS）／遠山高広（MONSTERS）
ライター　齋藤貴義／山田幸彦／トヨタトモヒサ／鳥本真也
メイク　佐藤泰子／加藤紗弥／関東沙織（Sato-Style）
衣装　藤井和輝（東京衣裳）
小道具　岩田智久（東京美工）
・・・
協力
株式会社エー・プラス／株式会社オスカープロモーション／
株式会社ケイダッシュ／株式会社ボックスコーポレーション／株式会社研音／
エイベックス・マネジメント株式会社／株式会社レプロエンタテインメント／
株式会社ジャパンアクションエンタープライズ
・・・
監修　東映株式会社
監修協力　百瀬龍介／北村萌香／小谷 翼（東映株式会社）
取材協力　平林京子（株式会社東映テレビ・プロダクション）

編集協力　高木晃彦（noNPolicy）
企画編集　リブレ編集部

Printed in Japan
ISBN 978-4-7997-5031-5

CONTENTS

2 INTRODUCTION
4 GRAVURE+CROSS TALK
4 **高橋文哉×鶴嶋乃愛**／12 **岡田龍太郎×井桁弘恵**
20 **高橋文哉×桜木那智**／30 **砂川脩弥×中川大輔**
58 **高橋文哉×岡田龍太郎**／64 **鶴嶋乃愛×井桁弘恵**
72 人類チーム座談会
高橋文哉×岡田龍太郎×井桁弘恵×桜木那智
84 人類＋ヒューマギア座談会
高橋文哉×砂川脩弥×中川大輔
92 ヒューマギア座談会
鶴嶋乃愛×砂川脩弥×中川大輔
MAIN STAFF CROSS TALK
100 **高橋悠也**（メインライター）×**大森敬仁**（プロデューサー）
杉原輝昭（メイン監督）×**渡辺淳**（アクション監督）
SUIT ACTORES GRAVURE+CROSS TALK
108 gravure **縄田雄哉×浅井宏輔×藤田慧**
116 仮面ライダーゼロワン×仮面ライダーバルカン対談／
縄田雄哉×浅井宏輔
122 仮面ライダーバルキリー対談／
井桁弘恵×藤田慧
126 仮面ライダー迅×仮面ライダーサウザー鼎談／
中川大輔×永徳×桜木那智
gravure **高岩成二×永徳**
136 仮面ライダー滅×仮面ライダー迅対談／
高岩成二×永徳
140 interview／**高岩成二**